Historia de Etiopía

Una guía fascinante de la historia de Etiopía

© Copyright 2022

Todos los derechos reservados. Ninguna parte de este libro puede ser reproducida de ninguna forma sin el permiso escrito del autor. Los revisores pueden citar breves pasajes en las reseñas.

Descargo de responsabilidad: Ninguna parte de esta publicación puede ser reproducida o transmitida de ninguna forma o por ningún medio, mecánico o electrónico, incluyendo fotocopias o grabaciones, o por ningún sistema de almacenamiento y recuperación de información, o transmitida por correo electrónico sin permiso escrito del editor.

Si bien se ha hecho todo lo posible por verificar la información proporcionada en esta publicación, ni el autor ni el editor asumen responsabilidad alguna por los errores, omisiones o interpretaciones contrarias al tema aquí tratado.

Este libro es solo para fines de entretenimiento. Las opiniones expresadas son únicamente las del autor y no deben tomarse como instrucciones u órdenes de expertos. El lector es responsable de sus propias acciones.

La adhesión a todas las leyes y regulaciones aplicables, incluyendo las leyes internacionales, federales, estatales y locales que rigen la concesión de licencias profesionales, las prácticas comerciales, la publicidad y todos los demás aspectos de la realización de negocios en los EE. UU., Canadá, Reino Unido o cualquier otra jurisdicción es responsabilidad exclusiva del comprador o del lector.

Ni el autor ni el editor asumen responsabilidad alguna en nombre del comprador o lector de estos materiales. Cualquier desaire percibido de cualquier individuo u organización es puramente involuntario.

Índice

INTRODUCCIÓN 1
CAPÍTULO 1 - DEL ORIGEN DE ETIOPÍA A SU EDAD DE ORO 3
CAPÍTULO 2 - DISTURBIOS Y DECADENCIA EN EL REINO DE AKSUM 13
CAPÍTULO 3 - RESTAURACIÓN DE LA DINASTÍA SALOMÓNICA 21
CAPÍTULO 4 - LA ERA DE LOS PRÍNCIPES Y EL ASCENSO DE TEWODROS II 30
CAPÍTULO 5 - EL EMPERADOR YOHANNES IV SUBE AL TRONO 43
CAPÍTULO 6 - LA DIFÍCIL PAZ DE MENELIK II 48
CAPÍTULO 7 - LOS ÚLTIMOS AÑOS DE MENELIK II Y LA LLEGADA DE RAS TAFARI 60
CAPÍTULO 8 - EL ÚLTIMO EMPERADOR DE ETIOPÍA: HAILE SELASSIE 75
CAPÍTULO 9 - ENTRA MENGISTU: ETIOPÍA SE VUELVE COMUNISTA 83
CAPÍTULO 10 - LA CAÍDA DEL COMUNISMO Y EL SURGIMIENTO DE LA ETIOPÍA MODERNA 88
CONCLUSIÓN: ETIOPÍA HOY 98
VEA MÁS LIBROS ESCRITOS POR CAPTIVATING HISTORY 100
APÉNDICE A: LECTURAS ADICIONALES Y REFERENCIAS 101

Introducción

Etiopía tiene una larga y apasionante historia. La gente ha vivido allí durante millones de años; de hecho, es uno de los primeros hogares del *Homo sapiens*. Sin embargo, un reino de pleno derecho no apareció hasta el año 980 a. C. aproximadamente.

D'mt fue el primer reino etíope propiamente dicho, pero palideció en comparación con el reino de Aksum, que surgió en el siglo I de nuestra era. Este reino albergaba rutas comerciales, diversos grupos humanos y recursos que otras naciones deseaban. Llegó a ser tan influyente que muchos lo consideran una de las mayores potencias mundiales de la época.

Por lo general, la gente conoce el Imperio romano o el Imperio persa, pero no tantos conocen el reino de Aksum, que ciertamente rivalizó con estas naciones en el escenario mundial. Este libro pretende cambiar esta situación.

Por supuesto, la historia de Etiopía continuó después de la caída del reino de Aksum. Hablaremos de los distintos gobernantes que supervisaron el país y de los cambios que introdujeron, al tiempo que discutiremos la situación mundial en general y cómo afectó a Etiopía.

Se trata de un viaje apasionante que no querrá perderse. Recorra los anales de la historia con nosotros mientras nos sumergimos en el pasado de Etiopía.

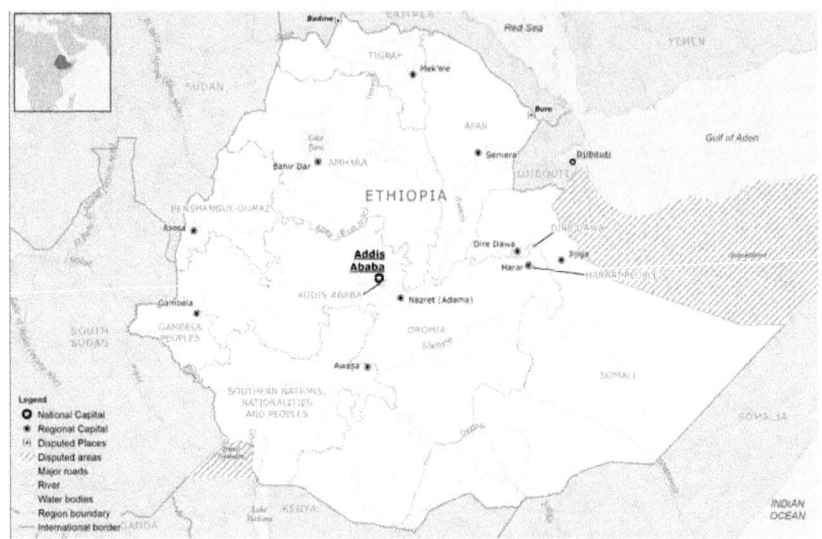

Un mapa de la Etiopía actual
JRC, EC, CC BY 4.0 <https://creativecommons.org/licenses/by/4.0>, vía Wikimedia Commons; https://commons.wikimedia.org/wiki/File:Ethiopia_Base_Map.png

Capítulo 1 - Del origen de Etiopía a su edad de oro

El momento en que Etiopía entró en la historia registrada todavía suscita algunas discusiones entre los investigadores. Pero una figura que muchos han señalado durante mucho tiempo como el primer monarca etíope mencionado es la legendaria reina de Saba. Esto sigue siendo muy discutido, y algunos incluso sostienen que la reina de Saba no era etíope, sino que en realidad procedía de Yemen o de alguna otra región cercana. Sin embargo, hay quienes creen que la reina de Saba era una monarca etíope, y su historia nos presenta una de las primeras representaciones registradas de la historia de Etiopía.

Independientemente del carácter conflictivo de la historia, adentrémonos en el relato de la reina de Saba. Nuestra fuente para las idas y venidas de la reina de Saba no es otra que la Santa Biblia.

Algunos podrían burlarse del uso de las Escrituras para establecer el registro histórico, pero los escritores bíblicos han sido precisos en muchos otros casos históricos que han sido plenamente corroborados tanto por la arqueología como por otras fuentes de la antigüedad. En cualquier caso, en el Libro de los Reyes de la Biblia, encontramos por primera vez una mención a la reina de Saba.

El Libro de los Reyes nos cuenta cómo la reina de Saba oyó hablar del gran y poderoso gobernante de Israel, el rey Salomón. Se animó a reunir a su corte y a emprender el gran viaje desde las tierras altas de Etiopía, pasando por Egipto, hasta llegar a Israel para encontrarse con el propio rey Salomón. Este acontecimiento también se menciona de pasada en el Nuevo Testamento, concretamente en el Libro de Mateo, que habla de la «reina del sur» que viene a conocer a Salomón. Generalmente se cree que el «sur» se refiere a Etiopía, un gran reino al sur de Israel. Se cree que los acontecimientos a los que se refieren tanto el Antiguo como el Nuevo Testamento tuvieron lugar alrededor del año 970 a. C., justo en medio del reinado del rey Salomón.

Etiopía tiene su propia crónica de estos acontecimientos en el Kebra Nagast («La gloria de los reyes»). El Kebra Nagast es básicamente una repetición de los acontecimientos mencionados en la Biblia, al menos en lo que respecta al encuentro del rey Salomón con la reina de Saba.

Mientras que el relato bíblico es bastante breve, el Kebra Nagast lo amplía en gran medida e incluso sugiere que el rey Salomón tuvo una relación estrecha con la reina de Saba que dio lugar a que ella diera a luz a su hijo. Se trata, por supuesto, de una especulación de los antiguos escritores etíopes y su demostración está fuera del alcance de este libro. Pero, sin embargo, debe mencionarse porque la creencia de que la reina de Saba dio a luz al hijo de Salomón forma parte de la historia etíope.

Según el Kebra Nagast, la reina de Saba regresó a su tierra natal y dio a luz a Menelik I, de quien se dice que es hijo del rey Salomón. Según el Kebra Nagast, Menelik I inició la llamada dinastía salomónica, que habría durado hasta la muerte del último monarca etíope, Haile Selassie, en 1975, aunque hubo una breve interrupción en el siglo XIII.

Según este relato, Menelik I no solo fundó la dinastía, sino que también inició la práctica del judaísmo etíope. Aunque no hay forma de verificar las afirmaciones del Kebra Nagast, Etiopía tiene una historia de práctica del judaísmo, que es anterior a la adopción del cristianismo por parte de Etiopía. Los Evangelios del Nuevo Testamento mencionan incluso una delegación etíope en peregrinación a Israel, lo que indica que un número considerable de etíopes ya se había convertido al judaísmo antes de la llegada del cristianismo. Incluso hoy en día, Etiopía cuenta con una importante comunidad judía denominada Beta Israel; se encuentra principalmente en el extremo norte de Etiopía.

En cualquier caso, si nos dejamos llevar por las leyendas del Kebra Nagast, la reina de Saba dio a luz al hijo de Salomón, Menelik I, que creció abrazando sus raíces judías. De joven, hizo un viaje de vuelta a Jerusalén, donde su padre, Salomón, intentó convencerlo de que se quedara en Israel.

En lugar de quedarse, Menelik decidió volver a su casa en Etiopía. Pero, según la leyenda, no volvió a casa con las manos vacías. El Kebra Nagast insiste en que el padre de Menelik, Salomón, le regaló nada menos que el Arca de la Alianza.

El Arca de la Alianza es otro artefacto muy discutido por los historiadores. El Arca, que los israelitas consideraban sagrada, era básicamente una caja de madera chapada en oro con una tapa en la parte superior y anillos de oro en sus lados. A través de los anillos se podían introducir largas varas que permitían llevar el Arca sobre los hombros de los sacerdotes. En un momento dado, se dice que el Arca transportó las tablas de piedra en las que se escribieron los Diez Mandamientos. Según las Escrituras, los israelitas también creían que la presencia y el poder de Dios habitaban en el Arca.

Por supuesto, los historiadores ponen en duda gran parte de la narración bíblica sobre el Arca de la Alianza, pero la mayoría está de acuerdo en que algún tipo de artefacto al que se refiere este nombre existió en algún momento. Sin embargo, algo le ocurrió al Arca, y no se menciona qué pasó ni a dónde fue a parar. Aquí es donde el Kebra Nagast retoma la historia, insistiendo en que fue entregada a Menelik por su padre. Fue llevada a Etiopía para su custodia. Hay etíopes que siguen insistiendo en que el Arca sigue escondida en algún lugar de un monasterio etíope secreto, donde es cuidadosamente custodiada por sacerdotes etíopes.

Por el momento, alejémonos de la legendaria Kebra Nagast. Los historiadores creen que el primer reino etíope verdadero fue D'mt o, como se traduce a veces en español, Damot o Da'amot. Aunque se desconoce la fecha exacta de la fundación del reino, se cree que D'mt comenzó en algún momento alrededor del año

1000 a. C. Esto situaría la fundación del reino justo antes de la visita de la reina de Saba a Salomón.

El reino de D'mt está situado en lo que solía ser el norte de Etiopía; en la actualidad, forma parte de la región separatista etíope de Eritrea. También se dice que algunas partes de D'mt residían en la región norteña etíope de Tigray. Según los descubrimientos de los arqueólogos, los habitantes de D'mt poseían instrumentos de la Edad de Hierro, utilizaban equipos agrícolas como el arado, y cosechaban y almacenaban abundantes cereales.

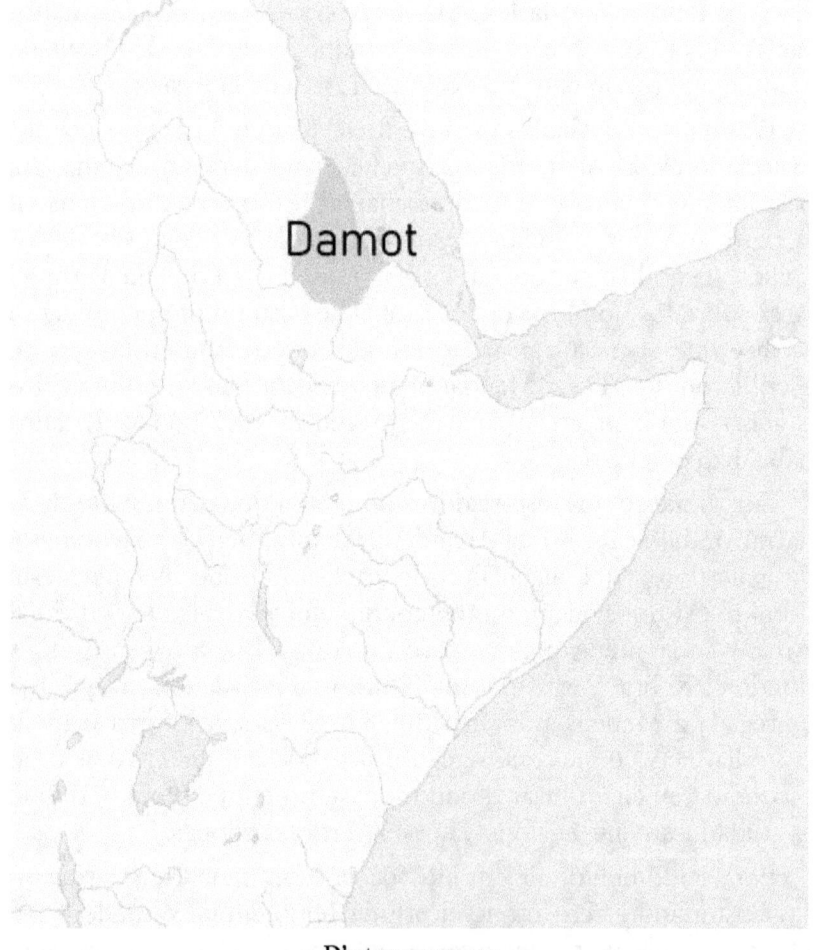

D'mt en su apogeo

Aldan-2, CC BY-SA 4.0 <https://creativecommons.org/licenses/by-sa/4.0>, vía Wikimedia Commons; https://commons.wikimedia.org/wiki/File:D%27mt_map.png

Debido a la ubicación de D'mt justo en la coyuntura del mar Rojo, que limita con Arabia, al parecer hubo una fuerte influencia árabe. Se cree que esta influencia procedía principalmente de la civilización sabeana del sur de Arabia (el actual Yemen). Durante la existencia de D'mt, la lengua y la escritura semíticas cobraron importancia. Esta fue la primera escritura etíope conocida, el ge'ez.

Este reino prosperó hasta el año 500 a. C. aproximadamente. Alrededor de esta época, el registro arqueológico muestra que el antiguo reino de D'mt estaba entrando en declive, pasando a ser dominado por varios estados sucesores mucho más pequeños. Estos reinos más pequeños reinaron hasta el surgimiento del Imperio aksumita en algún momento del siglo I de nuestra era. Este reino llegaría a dominar el norte de Etiopía, ya que estaba situado alrededor de las actuales regiones de Tigray y Eritrea.

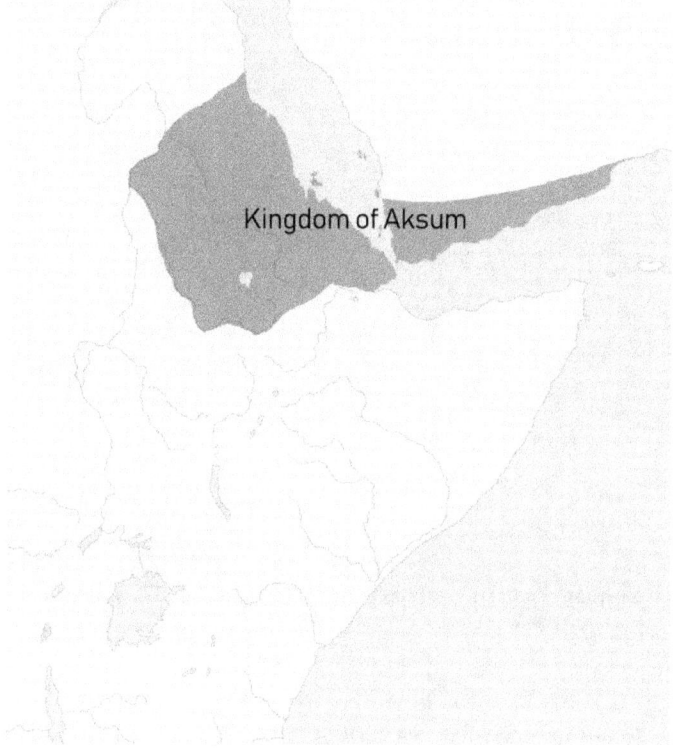

Aksum en su máximo esplendor

Aldan-2, CC BY-SA 4.0 <https://creativecommons.org/licenses/by-sa/4.0>, vía Wikimedia Commons; https://commons.wikimedia.org/wiki/File:The_Kingdom_of_Aksum.png

En su apogeo, el reino de Aksum cruzaba el mar de Arabia y echaba raíces en el extremo sur de la península arábiga, en lo que hoy constituye la actual nación de Yemen. La capital del Imperio aksumita era la ciudad que llevaba el mismo nombre: la ciudad de Aksum. Esta ciudad del norte de Etiopía sigue existiendo en la actualidad y sigue siendo una gran atracción turística, ya que cuenta con muchos monasterios y monumentos notables que siguen en pie.

El Imperio aksumita estaba fuertemente conectado en su apogeo, estableciendo contacto y comercio con el mundo exterior principalmente a través del puerto del mar Rojo de Adulis, situado en la actual Eritrea. Como muestra de la dificultad de los viajes por tierra, se dice que a menudo los viajeros de la ciudad interior de Aksum tardaban varios días en llegar al puerto de Adulis.

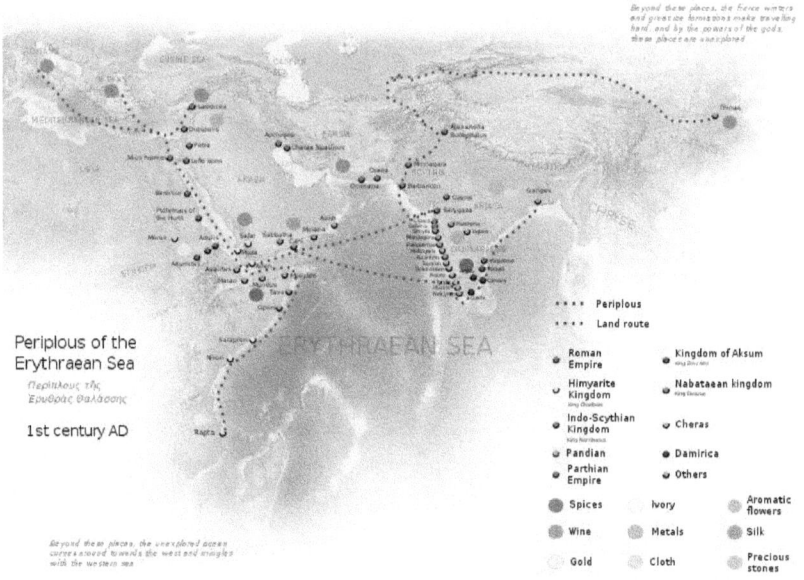

Una visión general de las rutas comerciales en el siglo I de nuestra era
George Tsiagalakis, CC BY-SA 4.0 <https://creativecommons.org/licenses/by-sa/4.0>, vía Wikimedia Commons;
https://commons.wikimedia.org/wiki/File:Periplous_of_the_Erythraean_Sea.svg

No obstante, Adulis se convertiría en el principal centro comercial de los etíopes aksumitas. El historiador romano del siglo I, Plinio el Viejo, menciona a Adulis como el principal centro comercial de Etiopía. Por este puerto pasaba mucho dinero, y en la región aún se pueden encontrar monedas etíopes con inscripciones griegas. La razón por la que la escritura griega se encuentra en estas monedas se debe a que el griego era la lengua más común y extendida. Se utilizaba universalmente entre muchas naciones para facilitar el comercio. Además de comerciar con el mundo grecorromano, hay pruebas de que Adulis también recibía comercio de países aún más lejanos, concretamente de Persia y la India.

El Imperio aksumita también tuvo éxito en la guerra. Alrededor del siglo III d. C., uno de los grandes reyes aksumitas —Aphilas— consiguió ampliar enormemente el reino lanzando una exitosa expedición militar sobre el mar Rojo y hacia el sur de Arabia. Las fuerzas de Aphilas lograron someter la vecina costa sur de la península arábiga y extendieron el alcance de Etiopía hasta la propia Arabia.

Etiopía era una fuerza a tener en cuenta en el siglo III. Como testimonio de este hecho, fue catalogada como una de las grandes potencias del mundo, junto con China, Persia y el propio Imperio romano. Esta lista fue elaborada por el notable místico persa de la fe maniquea, Mani.

Hacia el siglo IV, entre el 300 y el 400 de nuestra era, otro poderoso monarca aksumita ocupó el centro de los asuntos etíopes. Su nombre ha llegado hasta nosotros como Ezana, y muchos monumentos importantes, como la famosa piedra de Ezana, llevan su nombre inscrito. Se dice que Ezana fue el monarca etíope que aprobó la aceptación oficial del cristianismo en Etiopía como religión de Estado hacia el año 324 de la era cristiana.

Una imagen de la piedra de Ezana

Sailko, CC BY 3.0 <https://creativecommons.org/licenses/by/3.0>, vía Wikimedia Commons; https://commons.wikimedia.org/wiki/File:Aksum,_iscrizione_di_re_ezana,_in_greco,_sabeo_e_ge%27ez,_330-350_dc_ca._10.jpg

Esto convertiría a Etiopía en la segunda nación en aceptar formalmente el cristianismo como su religión oficial, solo precedida por el reino de Armenia, que adoptó la fe cristiana en el año 301 de la era cristiana. Etiopía se adelantó al Imperio romano en la adopción del cristianismo, ya que esta religión no fue la oficial de Roma hasta el año 380. Es cierto que Roma ya era tolerante con la religión. Ya en el año 313, el emperador romano Constantino firmó edictos que indicaban la tolerancia del imperio hacia la religión, pero no fue hasta el año 380 cuando el cristianismo se convirtió en la religión oficial del Imperio romano.

Bajo el mandato de Ezana, el reino de Aksum seguía controlando un territorio considerable, que se extendía hasta el mar Rojo y la península arábiga. Al parecer, mientras consolidaba estas tierras, las mayores amenazas de Ezana no provenían del exterior, sino del interior. La mayor parte de sus compromisos militares fueron especialmente contra las insurgencias dentro del propio imperio. Sin embargo, se menciona ampliamente la conquista aksumita del reino de Meroe, situado en el Alto Nilo.

Los investigadores pueden ver el momento en que el imperio pasó de las creencias paganas generalizadas al cristianismo. Antes de la conversión, Ezana tenía piedras con inscripciones de alabanzas a deidades paganas. Pero después de que el imperio se convirtiera al cristianismo, las inscripciones en las piedras tenían un toque cristiano, con palabras dedicadas al «Señor del Cielo y Señor de la Tierra». Tras la conversión cristiana, las monedas del Imperio aksumita empezaron a tener inscritas frases cristianas y el signo de la cruz.

Ahora que hemos mencionado la conversión del Imperio de Aksum al cristianismo, podríamos intentar comprender cómo se produjo esta conversión. La explicación más sencilla sería probablemente el movimiento general hacia el cristianismo, a medida que la religión ganaba popularidad entre el público en general. Pero, como suele ocurrir en las historias de conversión, hay una explicación mucho más dramática para la repentina aparición de Etiopía en el redil cristiano.

Se dice que en el año 316 d. C., un misionero cristiano de Tiro llamado Frumencio, su hermano Edesio y un tío sin nombre estaban haciendo un viaje a uno de los puertos del mar Rojo de Aksum cuando fueron emboscados por etíopes locales. No se explica el motivo de la emboscada, pero los dos hermanos, Frumencio y Edesio, se salvaron.

Según el cronista de este suceso, «los muchachos fueron encontrados estudiando bajo un árbol y preparando sus lecciones, y preservados por la misericordia de los bárbaros, fueron llevados al rey. Este nombró a uno de ellos, Edesio, su copero. A Frumencio, a quien había percibido como sagaz y prudente, lo nombró su tesorero y secretario. A partir de entonces fueron tenidos en gran honor y afecto por el rey».

Según este cronista, los dos hermanos fueron llevados ante el rey etíope, que en ese momento era el predecesor de Ezana, Ella Amida (también conocido como Ella Allada u Ousanas). Una vez que el rey conoció a los cautivos, los incorporó a su corte. Se supone que desde su posición real, en medio de la corte del rey, los dos jóvenes consiguieron difundir el Evangelio. También llegaron a conocer al hijo del rey Ella Amida, Ezana.

Según este relato, Ezana subió al trono con un profundo conocimiento del cristianismo. Poco después, optó por adoptar la fe como religión nacional de Etiopía. Frumencio sería nombrado el primer patriarca de lo que se convertiría en la Iglesia ortodoxa etíope. Al parecer, esto se hizo con la bendición del patriarca de Alejandría, Egipto.

En aquella época, Egipto formaba parte del Imperio romano. A pesar de las persecuciones periódicas de Roma contra los cristianos, Egipto había sido durante mucho tiempo un refugio para los cristianos. Como tal, los cristianos coptos de Alejandría, Egipto, pueden considerarse un mentor y una especie de hermano mayor de la fe para los etíopes, aunque fueron uno de los primeros en abrazar el cristianismo como religión de Estado.

El reino de Aksum se expandió y prosperó bajo el reinado de Ezana, y se ha registrado un amplio comercio a lo largo de la famosa Ruta de la Seda, que se extendía a través del Imperio romano hasta China.

Etiopía comerciaba con productos como marfil, oro, esmeraldas e incluso caparazones de tortuga. A cambio, Etiopía importaba en gran medida la codiciada seda china (que dio nombre a la Ruta de la Seda), así como una gran variedad de especias.

Aunque hasta ahora hemos utilizado el término «Etiopía» de forma bastante indistinta, en realidad fue bajo el rey Ezana cuando el término se generalizó. Durante el periodo de comercio internacional y rápida expansión bajo Ezana, Etiopía entró por primera vez en el léxico y experimentó lo que se ha denominado una verdadera «edad de oro».

Capítulo 2 - Disturbios y decadencia en el reino de Aksum

«Como va Etiopía, va todo el Cuerno de África».
—Eskinder Nega

Tras la caída del Imperio romano de Occidente, el reino etíope de Aksum se vio sometido a menudo a las turbulencias generales de la época. Pero aunque el contacto con Roma y el Imperio romano de Occidente se había perdido, la mitad oriental, conocida posteriormente como el Imperio bizantino, seguiría manteniendo fuertes relaciones con Etiopía. El emperador bizantino Justino I, por ejemplo, que reinó de 518 a 527, mantuvo estrechas relaciones con el emperador Kaleb I de Aksum.

De hecho, los dos imperios cristianos coordinaron una misión conjunta contra una némesis local. En esta época, Etiopía había perdido temporalmente el control de la parte suroccidental de Arabia, por lo que los dos líderes cristianos urdieron un complot para que este antiguo territorio etíope volviera a estar bajo el control de Aksum.

Este antiguo territorio etíope había pasado a formar parte del reino himyarita, que estaba bajo el liderazgo de Dhu Nawas. El reino himyarita se había convertido previamente al judaísmo, pero debido a los informes de que Himyar estaba maltratando a los residentes cristianos, con algunos comerciantes cristianos incluso asesinados, tanto los bizantinos como los etíopes comenzaron a considerar la posibilidad de una acción militar contra el reino himyarita.

Al parecer, los bizantinos dieron el visto bueno a los etíopes para la acción militar, y el emperador Kaleb I empezó a lanzar advertencias y ultimátums al rey himyarita. En una de sus misivas, Kaleb I amonestó a los himyaritas diciendo: «Habéis actuado mal porque habéis matado a mercaderes de los romanos cristianos, lo cual es una pérdida tanto para mí como para mi reino».

Aquí, parece que Kaleb estaba hablando de una pérdida comercial tanto como podría estar invocando una pérdida moral. Etiopía dependía del comercio con el Imperio romano de Oriente, y la matanza de los mercaderes romanos golpeó a los etíopes donde más les dolía: ¡su bolsillo! Así que los etíopes se unieron a los griegos bizantinos. En el año 524, utilizaron barcos griegos para transportar sus tropas a través del mar Rojo para hacer la guerra contra el reino himyarita. Las fuerzas de Kaleb consiguieron derrocar el régimen himyarita y reafirmar el control etíope sobre el suroeste de Arabia.

En un momento dado, Kaleb incluso intentó extender su alcance hasta La Meca. Para ser claros, este incidente ocurrió unos cien años antes del surgimiento del islam, pero en la época de Mahoma todavía se lo recordaba. La ocasión incluso se menciona brevemente en el Corán.

Entre la invasión de Kaleb y el surgimiento del islam en Arabia, el equilibrio de poder en el suroeste de Arabia (Yemen) cambiaría de un lado a otro entre Etiopía y Persia. Las dos principales potencias de la región eran el Imperio bizantino y el Imperio persa. Incluso mientras luchaban contra los etíopes, los persas mantenían escaramuzas con los bizantinos. El frente árabe contra los aksumitas era solo un escenario de esta guerra de múltiples frentes.

Después de que bizantinos y persas lucharan básicamente hasta el final, ambas partes y sus apoderados (como el apoderado del Imperio bizantino en Etiopía) fueron tomados completamente desprevenidos por el repentino ascenso del islam en Arabia.

Etiopía tenía una carta interesante que jugar en todo esto. Antes de que el islam consiguiera unir a las tribus árabes y apoderarse de la península arábiga, el rey de Aksum, Armah, dio refugio a los primeros creyentes musulmanes cuando aún eran una secta perseguida en Arabia. Estas acciones fueron recordadas cuando el islam se apoderó de la península arábiga. Esto parece haber detenido la mano de Mahoma en lo que respecta a Etiopía. Durante la vida de Mahoma, las primeras batallas de los musulmanes tuvieron como objetivo el territorio bizantino y persa. Evitaron notablemente un viaje rápido a través del mar Rojo para someter a la vecina Etiopía.

Pero esto fue solo un breve respiro. Poco después de la muerte de Mahoma en el año 632, sus sucesores comenzaron a dirigir su atención hacia Etiopía. En algún momento del siglo VIII, las fuerzas musulmanas asaltaron uno de los puertos establecidos de Etiopía en el mar Rojo, destruyéndolo. Los etíopes nunca recuperarían este centro comercial y, a partir de ese momento, Etiopía se replegaría cada vez más hacia el interior. Mientras tanto, las fuerzas del islam, que habían barrido todo el norte de África y estaban invadiendo el Cuerno de África Oriental, empezaron a rodear constantemente el reino etíope.

Las discordias internas también contribuyeron a reducir aún más el Imperio aksumita. Y a medida que crecía la discordia interna, una nueva e inquietante líder subió al trono aksumita, amenazando con deshacer todo lo que sus predecesores habían logrado. Su nombre llega a nosotros como Judith o, como se traduce en la lengua vernácula amárica, «Gudit». También se la recuerda con desprecio popular, ya que se la apoda «Yodit Gudit», que es una inteligente corrupción de su nombre. Básicamente significa «Gudit la mala».

A Gudit (Judith) se la recuerda como malvada porque no solo consiguió derribar el Imperio aksumita, sino que también intentó derribar la ya arraigada tradición del cristianismo. Su historia completa no está del todo clara, pero lo que se repite a menudo es que, de alguna manera, subió al poder, hizo derrocar y matar al legítimo rey etíope y luego se coronó a sí misma como reina. Dado que reinó durante cuarenta y tantos años, es sorprendente que no se sepa mucho más sobre esta longeva monarca etíope.

Sin embargo, aunque los detalles más exactos son escasos, Yodit Gudit es un tropo común en el folclore etíope hasta el día de hoy. Pero, ¿por qué era malvada? Bueno, además de derrocar a su predecesor, parece que tenía una inclinación hacia el paganismo y deseaba, de alguna manera, hacer retroceder el reloj para llevar a la mayoría de la población a la era precristiana y que el paganismo pudiera florecer. Dado que la mayoría de los etíopes habían abrazado firmemente el cristianismo ortodoxo, era una batalla perdida, incluso para una dictadora autoritaria y de voluntad de hierro como Gudit.

No obstante, inició una campaña de terror en la que mató a los cristianos y quemó iglesias y santuarios. A Gudit se le atribuye la destrucción de gran parte de los monumentos antiguos de Aksum. También se la recuerda por haber trasladado la capital de Aksum a un lugar más al sur, en las cercanías de lo que acabaría siendo la famosa ciudad de Lalibela.

El movimiento hacia una capital más centralizada continuaría durante varios siglos. Con el paso de los años, y a medida que Etiopía avanzaba hacia el interior, el mar Rojo se consideraba cada vez más el terreno de juego de los enemigos de Etiopía, en lugar de un recurso que los etíopes podían utilizar.

Muchos consideran que la decisión de Gudit de adentrarse en el interior de Etiopía fue el primer paso de este proceso. Tras la desaparición de Gudit, una nueva dinastía, la de los Zagwe, echaría raíces y haría de Lalibela su capital permanente. La dinastía Zagwe, que se extendería desde el año 912 hasta el 1137, pasó gran parte de su tiempo tratando de deshacer el daño que había causado la reina Gudit.

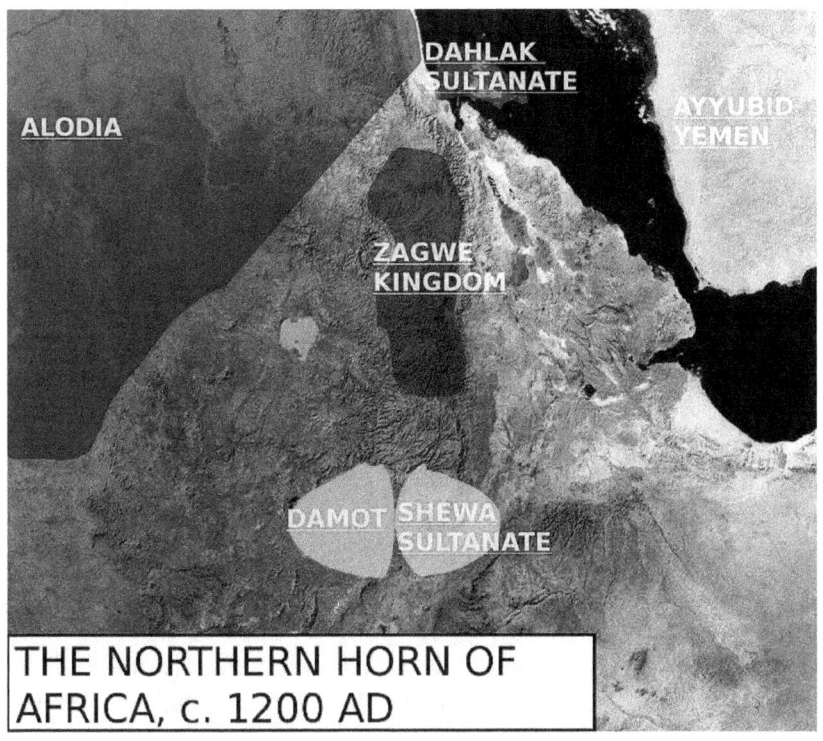

Un mapa de Zagwe hacia 1200
LeGabrie, CC BY-SA 4.0 <https://creativecommons.org/licenses/by-sa/4.0>, vía Wikimedia Commons;
https://commons.wikimedia.org/wiki/File:Approximate_extension_of_the_Zagwe_Empire.JPG

Una de las primeras cosas que hizo la dinastía Zagwe fue restablecer los lazos con el patriarcado de Alejandría. Egipto había sido tomado por los ejércitos musulmanes durante la primera gran oleada de conquista islámica que se apoderó de todo el norte de África. Sin embargo, una importante comunidad cristiana ortodoxa, conocida comúnmente como los coptos, seguiría existiendo, aunque bajo el dominio islámico. Los etíopes, cuya propia iglesia ortodoxa había sido aprobada por el patriarcado de Alejandría en el siglo IV, seguían considerando al patriarcado de Alejandría como su iglesia madre.

Debido a la realidad cotidiana de la ocupación de Egipto por las fuerzas musulmanas, la comunicación entre las iglesias ortodoxas etíopes y las egipcias se había vuelto muy tensa. Esta demora en la correspondencia acabó por retrasar la capacidad del patriarca alejandrino para sancionar la colocación de un nuevo arzobispo en Etiopía. Si los gobernantes musulmanes hubieran querido, habrían podido bloquear por completo toda comunicación entre las dos iglesias.

Pero, afortunadamente para la dinastía Zagwe, los señores de Egipto permitieron un tenue contacto entre las dos iglesias ortodoxas. El erudito e historiador etíope David Buxton tiene algo interesante que decir al respecto. Sostiene que hay un elemento añadido a esta relación que otros historiadores podrían pasar por alto.

Según Buxton, los gobernantes de Egipto tenían un temor supersticioso de larga data. Creían que los reyes de Etiopía tenían el control del río Nilo. El Nilo, que en realidad nace en Etiopía y luego fluye hacia el norte, hacia Egipto y finalmente hacia el Mediterráneo, había sido durante mucho tiempo el sustento de los egipcios. Sin la reposición de las aguas del Nilo, el entorno desértico de Egipto no podría prosperar. Buxton insiste en que este temor arraigado a que los etíopes manipularan de algún modo el Nilo y provocaran la sequía de Egipto podría haber llevado a los gobernantes egipcios a ser más cautelosos en sus relaciones con Etiopía.

Buxton sostiene que los etíopes también eran conscientes de ello. A lo largo de los siglos, varios reyes etíopes han amenazado con «desviar el Nilo» de alguna manera cuando se enfrentaban al mal trato de Egipto. Es fascinante que Buxton señale esto porque, en el siglo XXI, uno de los mayores focos y conflictos de todo el continente africano es entre Egipto y Etiopía. Y es por el río Nilo.

A partir de 2011, Etiopía comenzó a trabajar en una presa hidroeléctrica en la base del Nilo en un intento de producir más energía para la nación. Pero Egipto expresó su preocupación por el proyecto desde el principio, temiendo que Etiopía acabara drenando el Nilo con su presa, provocando la sequía de Egipto. El proyecto de la presa lleva varios años en marcha y, a pesar de los esfuerzos por mediar una solución, ha provocado conflictos en repetidas ocasiones. Con el llenado de la presa en 2020, 2021 y 2022, se han lanzado amenazas y amargas recriminaciones entre las dos naciones. Nos estamos adelantando un poco a la historia de Etiopía, pero es realmente sorprendente ver cuánto tiempo ha formado parte de la psique egipcia este miedo (merecido o no) a que los etíopes controlen el Nilo.

En cualquier caso, los reyes Zagwe fueron capaces de expandir el territorio etíope por primera vez en siglos. Sin embargo, la mayor parte de sus ganancias territoriales se produjeron en regiones montañosas con un terreno excesivamente accidentado, y su capacidad para controlar realmente estas tierras salvajes e indómitas es discutible. En cualquier caso, la dinastía Zagwe intentó controlar toda la actual Eritrea por el norte y hasta la provincia de Wollo por el sur. Incluso llegaron hasta el lago Tana de Etiopía, en el oeste. El lago Tana es el depósito del llamado «Nilo Azul». Esta región era de gran importancia estratégica, ya que el control del Nilo Azul daba a los etíopes una ventaja percibida sobre sus vecinos egipcios del norte.

Además de asegurar puestos estratégicos en su país, la dinastía Zagwe también envió etíopes al extranjero, en particular, en peregrinaciones a Jerusalén. En 1189, una delegación etíope llegó a Israel y se reunió con el líder musulmán Saladino, que controlaba Jerusalén.

Para los etíopes de esta época, las peregrinaciones a Jerusalén tenían una enorme importancia y se realizaban con frecuencia. Como resultado de las Cruzadas, Jerusalén estuvo bajo control cristiano desde 1099 hasta 1187. Después de que Jerusalén cayera en manos de las fuerzas islámicas en 1187, el rey etíope Lalibela se inspiró para construir su propio lugar sagrado de peregrinación dentro de la propia Etiopía.

El rey Lalibela pensó que si su pueblo no podía llegar a Tierra Santa, simplemente crearía una réplica dentro de sus propias fronteras. El rey Lalibela trató de crear una «Nueva Jerusalén», por así decirlo, en la capital que finalmente llevaría su nombre. Esto significaba que el río local que fluía a través de la ciudad sería rebautizado como «Jordán», al igual que el río Jordán en Israel. También habría otros cambios de nombre en elementos comunes del entorno local.

Pero lo más espectacular son las once enormes iglesias de piedra que fueron talladas en la roca sólida. Según la leyenda etíope, estas iglesias fueron construidas sobrenaturalmente por ángeles. Dado que no existe ninguna otra referencia histórica sobre cómo se construyeron estos impresionantes monasterios, la idea de la intervención de los ángeles sigue siendo la explicación preferida.

Aunque los reyes Zagwe fueron considerados posteriormente como usurpadores, ya que no pertenecían a la dinastía salomónica, los cronistas etíopes suelen venerar a Lalibela por sus esfuerzos. El sucesor de Lalibela, Yetbarak, se convertiría en el último gobernante de la dinastía Zagwe.

Algunos relatos señalan a una figura que precedió inmediatamente a Yetbarak, Na'akueto La'ab, como el último de los gobernantes Zagwe. Al parecer, estos relatos no reconocen la legitimidad de Yetbarak. Pero según la mayoría de las variantes, el gobierno de Na'akueto La'ab fue breve y, tras algunas luchas internas, fue sustituido por Yetbarak, lo que le convirtió en el último rey Zagwe. En cualquier caso, se dice que Yetbarak acabó haciendo la guerra a Yekuno Amlak, un supuesto «noble amhara» que reivindicaba su ascendencia de la línea salomónica.

No se sabe mucho sobre el desarrollo de esta guerra, pero el último rey Zagwe, Yetbarak, pereció en la batalla, y Yekuno Amlak logró restablecer la línea salomónica, siendo él mismo el primer rey del orden restaurado. Con el restablecimiento de la dinastía salomónica, comenzó el periodo medieval de crecimiento y expansión de Etiopía.

Capítulo 3 - Restauración de la dinastía salomónica

«¡Despierta Etiopía! ¡Despierta África! Trabajemos por el único fin glorioso de una nación libre, redimida y poderosa. Que África sea una estrella brillante entre la constelación de naciones».
—Marcus Garvey

No se sabe mucho sobre Etiopía durante los primeros días de la restauración de la dinastía salomónica. Pero poco después del restablecimiento (aunque algunos podrían decir establecimiento) de esta línea dinástica, a principios del siglo XIII, apareció por primera vez el texto etíope medieval conocido como el Kebra Nagast. Para quienes no deseen creer en la leyenda que presenta este libro de que los reyes etíopes se remontan a una unión entre la reina de Saba y el rey Salomón, podría argumentarse que la repentina aparición del Kebra Nagast no fue más que una conveniente pieza de propaganda.

Una vez más, este autor no toma partido por ninguno de los dos, sino que señala las diferentes perspectivas que podrían formularse. Ciertamente, podría considerarse conveniente porque fue justo en el momento del supuesto restablecimiento de la línea salomónica cuando se sancionó la compilación del Kebra Nagast. Sirvió para legitimar por escrito el gobierno de la dinastía salomónica.

En cualquier caso, de lo que conocemos de los últimos reyes salomónicos de este periodo, destaca una figura conocida como Amda Tsion I (también escrito como Amda Seyon). Amda comenzó su reinado con un escándalo. Se decía que era un rey joven y muy inmoral que parecía disfrutar más de las fiestas que del gobierno, hasta el punto de que fue reprendido abiertamente por los sacerdotes etíopes. A pesar de ello, Amda creció en el papel que se le encomendó, y cuando el reino se vio sacudido por algunas de las primeras incursiones de las potencias islámicas vecinas, el rey Amda se enfrentó a la amenaza y frustró con decisión la expansión islámica en Etiopía.

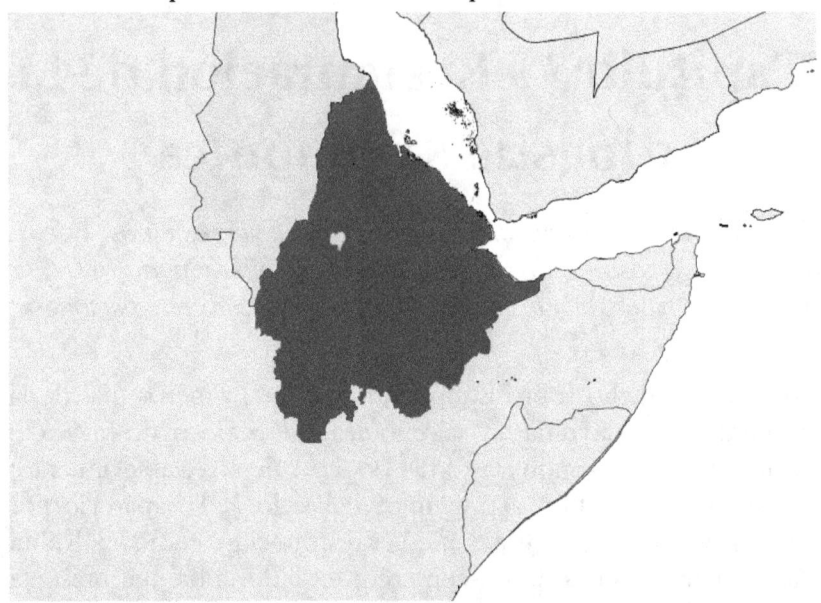

Imperio etíope tras las conquistas de Amda Tsion
Amde Michael, CC BY-SA 4.0 <https://creativecommons.org/licenses/by-sa/4.0>, vía Wikimedia Commons; https://commons.wikimedia.org/wiki/File:Ethiopia_1500.svg

El nombre de Amda fue alabado por su heroísmo en la batalla, y se crearon muchas canciones locales en su honor. Sin embargo, la amenaza de ser engullido por las naciones islámicas que rodeaban Etiopía persistía. A principios del siglo XIV, los dirigentes etíopes empezaron a buscar en otros lugares una posible línea de apoyo antes de que el Estado fuera devorado por completo. Con esta idea, el rey etíope Yeshaq I envió una misiva al rey español, Alfonso V de Aragón, en 1428.

En aquella época, España estaba luchando en una sangrienta Reconquista para recuperar el territorio que había sido conquistado por las fuerzas islámicas. El rey español comprendió perfectamente el peligro que corría Etiopía. El rey Alfonso se sintió lo suficientemente conmovido por las peticiones de ayuda de Yeshaq como para enviar inmediatamente una delegación a Etiopía. No hace falta decir que el viaje de España a Etiopía era una carrera traicionera, que requería atravesar territorios hostiles.

Y aunque Alfonso envió esta delegación para hablar con los etíopes, sigue siendo un misterio lo que les ocurrió. La delegación nunca regresó a España, y todavía no está claro si siquiera consiguieron llegar a Etiopía. Hacia el final del reinado de Alfonso, este intentó acercarse a Etiopía una vez más, enviando un mensaje al emperador etíope Zara Yaqob en 1450, pero de nuevo, sus ruegos no llegaron a la corte etíope.

Zara Yaqob, también apodado Kwestantinos (como el romano Constantino), fue una figura interesante en la historia de Etiopía. Se lo ha comparado con grandes etíopes posteriores como Menelik II e incluso con el último emperador etíope, Haile Selassie. Zara Yaqob era conocido por ser un feroz defensor de la fe y logró hacer retroceder las amenazas externas al reino.

En particular, en la batalla de Gomit, en 1445, Zara Yaqob dirigió un ejército contra el sultán Badlay ibn Sa'ad ad-Din, que controlaba un sultanato en la región de Adal, en el Cuerno de África. El emperador Zara Yaqob logró derrotar con contundencia a las fuerzas del sultán, eliminando la última amenaza a la soberanía etíope.

Zara Yaqob también es conocido por haber fundado otra capital etíope, esta vez situada en el centro de Etiopía, en Debre Birhan. Se dice que el rey se inspiró para fundar su nueva capital en este lugar después de ser testigo de una especie de luz brillante no identificada que surcaba el cielo. Hoy en día, se ha especulado ampliamente con que este objeto no identificado era probablemente el cometa Haley, pero en realidad, nadie lo sabe con certeza. Sea lo que sea, Yaqob, como la mayoría de la gente de su época, atribuyó la visión a una señal divina.

Aunque Yaqob es recordado por sus hazañas, también pasó a la historia por ser un poco déspota, ya que estaba más que dispuesto a utilizar la opresión para controlar a su pueblo. Empleó una mano dura con la Iglesia ortodoxa etíope, interfiriendo directamente en los sucesos internos del clero etíope según su criterio. Eran tiempos difíciles para Etiopía, y gobernantes como Yaqob pensaban que era necesario aplicar la mano dura para sofocar las amenazas externas e internas.

A principios del siglo XVI, las amenazas externas volverían a cobrar protagonismo. El sultanato de Adal, en el Cuerno de África oriental, situado aproximadamente en la actual Somalia y sus alrededores, comenzó a hacer incursiones aún más agresivas en el territorio etíope. En esta época, Lebna Dengel subió al trono etíope. Al obtener la corona, Dengel fue apodado Dawit II (como el rey David de la Biblia). Dawit II, al igual que sus predecesores, se enfrentaría a la amenaza de incursiones islámicas en las tierras fronterizas de Etiopía.

Lebna Dengel
https://commons.wikimedia.org/wiki/File:Cristofano_dell%E2%80%99Altissimo,_Portrait_of_Lebn%C3%A4-Dengel._c._1552-1568.jpg

Durante los primeros años del reinado de Dawit II, intentó negociar acuerdos pacíficos con los antagonistas locales, pero cuando esto no funcionó, el joven rey se vio obligado a ir a la guerra. Consiguió algunas victorias tempranas. Por ejemplo, en 1517, dirigió una fuerza de tropas que consiguió acabar con el emir de Adal, Mahfuz.

Durante esta época, llegaron informes muy interesantes que describían a unos misteriosos desconocidos que asediaban la cercana fortaleza islámica de Zeila, en la costa de África Oriental. Estos misteriosos desconocidos eran exploradores portugueses. Fueron los primeros europeos que lograron rodear la punta de África y hacer sentir su presencia en el mar Rojo.

En realidad, los portugueses tenían dos objetivos en mente en aquel momento. Querían restablecer el contacto con la India (el comercio directo con este país se había perdido tras la caída de Constantinopla en 1453), y buscaban a un legendario rey cristiano situado en algún lugar de Oriente. Este hombre, el Preste Juan, había quedado aislado del resto de la cristiandad, y los portugueses deseaban volver a conectar con él. Algunos pensaban que este rey cristiano estaba en la India, pero otros llegaron a creer que este misterioso reino cristiano perdido se encontraba nada menos que en Etiopía.

En cualquier caso, los portugueses no tardaron en entrar en conflicto con los sultanes musulmanes locales y, por azares del destino, los exploradores europeos comenzaron a hacer la guerra contra ellos justo cuando el emperador etíope Dawit II luchaba contra ellos. Los portugueses acabaron por ponerse en contacto con Dawit II, y las relaciones diplomáticas preliminares entre Portugal y Etiopía comenzaron en serio.

En 1528, Etiopía se enfrentó a una grave amenaza para su existencia. Un nuevo sultán llamado Ahmad ibn Ibrahim al-Ghazi desató una guerra total contra Etiopía. Ese fatídico año, el sultán condujo sus fuerzas a través del río Awash y comenzó a devastar la ciudad de Bedeque. Dawit II y sus tropas llegaron al lugar, y el ejército del sultán se retiró tácticamente.

Los dos bandos volverían a enfrentarse en la primavera de 1529. Esta vez, el ejército etíope sufriría un terrible revés y se enfrentaría a una derrota decisiva. Envalentonado, el sultán continuó golpeando al ejército etíope durante los años siguientes. Incapaz de soportar un asalto sostenido, que incluía el uso por parte del sultán de una forma temprana de artillería, el emperador etíope Dawit II pidió ayuda a los portugueses.

En ese momento, Dawit II se había convertido en poco más que un fugitivo en su propio reino. Dawit II y lo que quedaba de la resistencia etíope se vieron obligados a trasladarse de un campamento a otro mientras eran acosados sin piedad por sus adversarios. El emperador Dawit II acabaría pereciendo antes de que los portugueses pudieran llegar. Sin embargo, justo cuando la causa etíope parecía absolutamente desesperada, se produjo lo que debió parecer un milagro a los asediados ciudadanos etíopes.

En el otoño de 1540, unas cuatrocientas tropas portuguesas llegaron a la escena y reunieron lo que quedaba de la resistencia etíope. Juntos, aplastaron a las fuerzas del sultán. Esta fuerza combinada estaba dirigida nada menos que por Cristóbal da Gama, hijo del famoso explorador portugués Vasco da Gama. Cristóbal da Gama luchó duramente contra sus oponentes. Finalmente perdió la vida en la batalla de Wofla en 1542.

Sin embargo, portugueses y etíopes continuaron la lucha y el sultanato fue derrotado, lo que permitió al sucesor de Dawit II, Gelawdewos, poder gobernar en paz. Según el historiador etíope David Buxton, los veteranos portugueses de la guerra entre Etiopía y Adal eran vistos con enorme respeto por sus esfuerzos. Gelawdewos describió a los combatientes portugueses como «hombres poderosos y valientes, sedientos de guerra como lobos y hambrientos de lucha como leones».

Si no fuera por la llegada de estos pocos cientos de tropas portuguesas, hombres ya versados en la guerra sangrienta, la civilización etíope bien podría haberse extinguido. Estos hombres dieron todo lo que tenían para defender Etiopía y, según Buxton, la mayoría de ellos decidieron quedarse como guardianes de este reino cristiano. Según Buxton, «[los portugueses] fueron tenidos en gran estima, se casaron con damas locales de alta alcurnia y se fundieron gradualmente con la población abisinia»

Pero por mucho que los portugueses ayudaran a los etíopes a evitar el desastre, las relaciones posteriores entre Etiopía y Portugal no siempre fueron fluidas. Esto se debió a las diferencias religiosas entre los ortodoxos etíopes y el catolicismo portugués. Claro que ambos eran cristianos, pero cuando se profundiza en sus doctrinas, inevitablemente surgen problemas. Y en una época en la que la doctrina de uno significaba casi todo, estas cosas podían ser bastante problemáticas.

Después de ayudar a Etiopía, Portugal quiso naturalmente establecer misiones católicas en la nación africana. La Iglesia ortodoxa etíope no quería, obviamente, que sus fieles fueran expoliados por la Iglesia católica. Sin embargo, en vista de la enorme ayuda que Portugal había prestado a Etiopía, los monarcas etíopes se sintieron inicialmente obligados a apaciguar a los católicos. Este apaciguamiento continuó durante casi cien años y llegó a su punto álgido a principios del siglo XVII, cuando el emperador etíope Susenyos fue convencido por los sacerdotes jesuitas portugueses para que se convirtiera al catolicismo.

Sin duda, los portugueses se alegraron al pensar que toda Etiopía iba a entrar en el redil católico. Pero subestimaron lo profundas que eran las raíces de la Iglesia ortodoxa de Etiopía. La conversión del emperador Susenyos creó tanto alboroto que, en lugar de convertir a su nación, fue obligado a abandonar su cargo. En cuanto la Iglesia y las clases bajas de la sociedad etíope se enteraron de las intenciones de Susenyos, se rebelaron y estuvieron a punto de desencadenar una guerra civil.

Esta presión hizo que el recién convertido rey católico renunciara a su cargo para que su hijo Fasilides (o Fasil) pudiera gobernar en su lugar. Teniendo en cuenta todo el drama que había estallado bajo la mirada de su padre, el emperador Fasilides emitió un decreto que enviaba a los jesuitas católicos de vuelta a Portugal. Esta serie de acontecimientos puso fin a los esfuerzos oficiales por convertir a los etíopes al catolicismo.

Junto con la expulsión de los jesuitas, el emperador Fasilides también fundó otra nueva capital etíope, estableciendo Gondar en 1636. Aquí construyó impresionantes castillos, iglesias y otros monumentos que aún se conservan.

Palacio de Fasilides en Gondar
Bernard Gagnon, CC BY-SA 3.0 <https://creativecommons.org/licenses/by-sa/3.0>, vía Wikimedia Commons; https://commons.wikimedia.org/wiki/File:Fasilides_Palace_02.jpg

Según el erudito etíope Bahru Zewde, durante este periodo se produjeron importantes cambios demográficos. Según Zewde, al final de la guerra de Etiopía y Adal, Etiopía experimentó una afluencia masiva de población oromo procedente de las tierras altas. Esto es importante, ya que los oromos acabarían representando una gran parte de la población etíope. Esta afluencia de recién llegados provocaría grandes tensiones e incluso guerras esporádicas.

En este contexto de inestabilidad, se produjo una rápida sucesión de reyes durante gran parte del resto del siglo XVII. Y la década de 1700 no fue mucho mejor. La situación era tan inestable que, en un momento dado, un emperador etíope llamado Iyasu I fue asesinado por su propio hijo, Tekle Haymanot. Posteriormente, Tekle Haymanot sería asesinado poco después. Siguieron varios años de turbulencias similares. El año 1769 fue un momento decisivo en la historia de Etiopía; marcó el último líder etíope centralizado de este periodo que intentó reafirmar el control fuera del caos en el que se encontraba el país.

El emperador etíope Iyoas intentó recuperar el control de la situación desde su posición en Gondor, pero fue asesinado por el gobernador de la cercana provincia de Tigray, Ras Mikael Sehul. Cabe destacar que «Ras» es una palabra amárica que significa «gobernador». Por ejemplo, el emperador Haile Selassie, cuyo nombre de nacimiento era Tafari, fue en su día gobernador o Ras, por lo que se le conocía como Ras Tafari. Este título inspiraría el posterior movimiento rastafari en Jamaica, ya que habían llegado a idolatrar a Haile Selassie.

En cualquier caso, después de que Ras Mikael Sehul, el gobernador de Tigray, asesinara al emperador etíope Iyoas en 1769, Etiopía entró en un periodo conocido como el Zemene Mesafint o, como se traduce en español, la «Era de los Príncipes».

Capítulo 4 - La era de los príncipes y el ascenso de Tewodros II

«Conozco su juego. Primero, los comerciantes y los misioneros; luego, los embajadores; después, los cañones. Es mejor ir directamente al cañón».

—Tewodros II

El año 1769 es generalmente conocido como un momento decisivo en la historia de Etiopía. Esta época se llama la Era de los Príncipes porque una serie de gobernadores, príncipes y otros notables pasarían varias décadas siendo el verdadero poder detrás del trono etíope. El inicio de esta época fue presenciado por un observador externo: El explorador y erudito escocés James Bruce.

Bruce es tal vez más famoso por haber recuperado una copia del Libro de Enoc perdido en un monasterio etíope. Pero su presencia durante este momento crucial de la historia etíope proporciona una valiosa visión de la lucha política de Etiopía. Bruce fue testigo de lo que parecía un completo desmoronamiento de la sociedad, causado la rotación de emperadores etíopes cuyos hilos eran movidos por varios miembros de la nobleza etíope.

Primero, Ras Mikael Sehul asesinó a Iyoas I (a veces escrito Joas), el emperador reinante, e instaló a su propio lacayo, Yohannes II. Así comenzó la Era de los Príncipes, durante la cual una sucesión de débiles emperadores títeres fue colocada por nobles o «príncipes» intrigantes en su propio intento de controlar Etiopía. En lo que respecta al manipulado reinado de Yohannes II, este se las arregló para caer en desgracia con su benefactor y fue apartado del poder. Algunos relatos afirman que fue ejecutado.

Tras la destitución de Yohannes II, Ras Mikael Sehul tramitó la investidura de su joven hijo Tekle Haymanot II, que entonces solo tenía unos quince años. Cuando Tekle Haymanot II se instaló en el trono, el explorador escocés James Bruce entró en escena. Bruce hizo una vívida descripción del nuevo emperador etíope: «Tenía un excelente entendimiento y una prudencia superior a su edad. Se decía que tenía un temperamento naturalmente muy cálido, pero lo había dominado tan perfectamente que apenas había dado un ejemplo de ello en público. Se adhirió por completo a los puntos de vista de Ras Mikael, y estaba tan dispuesto a marchar contra Fasil como su padre había sido reacio a ello».

En estas observaciones, Bruce hace referencia al principal noble de la corte etíope: «Ras Mikael». Bruce se dio cuenta de que Mikael era quien manejaba los hilos, ya que el joven nuevo emperador estaba en deuda con «las opiniones de Ras Mikael por completo». De hecho, el propio derecho de Tekle Haymanot II a sentarse en el trono estaba en deuda con Ras Mikael. Esto quedó demostrado en 1770, poco después de su investidura. Aquel fatídico año, Ras Mikael se vio obligado a abandonar Gondar para atender asuntos en otro lugar. Mientras estaba fuera, sus adversarios atacaron.

Tekle Haymanot II fue depuesto por una facción rival de la ciudad, que instaló un nuevo emperador, Susenyos II. Una vez que Ras Mikael regresó, Tekle Haymanot II fue reinstalado. Esto, por supuesto, no fue fácil, y una vez que Ras Mikael recuperó la ventaja en la lucha, se produjo un infierno.

Ras Mikael instauró un reino de terror, desterrando a sus rivales y a todos los que los apoyaban. Una vez más, el explorador escocés James Bruce nos cuenta de primera mano cómo se desarrollaron los acontecimientos. Bruce nos dice: «Los cuerpos de los asesinados por la espada fueron cortados en pedazos y esparcidos por las calles, negándoseles sepultura. Me sentí miserable y casi desesperado al ver que mis perros de caza, soltados dos veces por el descuido de mis sirvientes, traían al patio la cabeza y los brazos de los hombres asesinados. La cantidad de carroña y su hedor atrajeron a las hienas por centenares desde las montañas vecinas y, como poca gente en Gondar sale al anochecer, disfrutaron de las calles para ellas solas y parecían dispuestas a disputarse la posesión de la ciudad con los habitantes».

Resulta bastante apasionante imaginar a James Bruce, sentado en su patio, tal vez estudiando ejemplares del legendario Libro de Enoc, levantar la vista y ver a uno de sus perros mordisqueando el brazo recuperado de una de las víctimas de Ras Mikael. El reinado de terror de Ras Mikael se detuvo cuando una coalición de sus oponentes lo derrotó en batalla en junio de 1771. Entonces fue puesto bajo la custodia de otro importante «príncipe» etíope, Wand Bewossen, gobernador de Lasta.

Sin embargo, los vencedores de esta lucha fueron sorprendentemente indulgentes con Ras Mikael. Después de estar confinado durante un año, fue reinstalado como gobernador de Tigray. En 1772, Wand Bewossen fue derrotado por otra serie de «príncipes» y se lo obligó a volver a su puesto de gobernador de Lasta.

El emperador Tekle Haymanot II permaneció en el trono durante todas estas luchas internas, relativamente incapaz de controlarlas o detenerlas. Finalmente abdicó en 1777 y optó por vivir el resto de su vida en el exilio, estudiando las Escrituras. En su lugar, las principales figuras etíopes instalaron al emperador Salomón II. Salomón II, que sirvió en gran medida a los intereses de la nobleza etíope, fue obligado a abandonar el cargo en 1779. Al igual que su predecesor, vivió el resto de su vida como un monje. El hermano de Tekle Haymanot II, Tekle Giyorgis, fue el siguiente en ocupar el trono; su reinado duraría hasta 1800.

Más tarde, surgiría otro «hacedor de reyes» en Etiopía: Ras Walda-Sellasse (también escrito como Wolde Selassie). Ras

Walda-Sellasse es conocido por el escritor y explorador británico Henry Salt, que tuvo una audiencia con Walda-Sellasse en 1805. Salt describió erróneamente a Ras Walda-Sellasse como el «primer ministro» de Etiopía. Sin embargo, teniendo en cuenta la situación, es comprensible que Salt percibiera a Ras Walda-Sellasse como tal. Un «príncipe» o «Ras», como Walda-Sellasse, solía servir de intermediario directo del rey, como ocurriría en la propia monarquía constitucional británica.

Este turbulento periodo de inestabilidad llegó a su fin en 1855, cuando subió al trono un poderoso monarca que se hacía llamar Tewodros II (Teodoro II). En muchos sentidos, Tewodros (su nombre de nacimiento era Kasa Haylu o Kassa Hailu) se adelantó a su tiempo. Se dio cuenta de la necesidad de un gobierno etíope fuerte y centralizado y de una identidad etíope universal.

También comprendió la difícil situación de la clase campesina, relegada en gran medida a la agricultura y al trabajo manual. Los campesinos solían ser los que más sufrían durante la larga inestabilidad de la Era de los Príncipes, ya que se veían obligados a someterse a los caprichos de la nobleza beligerante. Tenían que ofrecer sus cultivos recién cosechados e incluso sus casas si uno de los nobles beligerantes les pedía ayuda. Esta hospitalidad se hacía a menudo a expensas de los campesinos, y si se descubría que estaban ocultando a las élites cuando se les exigía sustento, las consecuencias podían ser nefastas.

Otro visitante británico en Etiopía, Mansfield Parkyns, supuestamente fue testigo de un incidente de este tipo. Durante una campaña militar, los soldados etíopes se alojaron en la casa de una familia campesina local. Se supo que el dueño de la casa había escondido en secreto algo de mantequilla a las tropas. Por esta ofensa, se dice que el campesino fue «asado vivo». Así que, sí, para el campesino común obligado a lidiar con sequías, langostas y soldados viviendo bajo su propio techo, la vida era muy dura. Tewodros lo entendía bien.

Aunque Tewodros estaba vinculado a la nobleza a través de su parentesco con el noble etíope y principal figura de la Era de los Príncipes Dajjacj Maru de Dambya, era una figura improbable para ascender a la cima de la jerarquía etíope. Tewodros creció en la ciudad de Qawra, en la frontera sudanesa-etíope. Este era un país fronterizo peligroso en aquella época, con tropas egipcias rondando las tierras fronterizas.

Para entender la situación, es necesario un poco de antecedentes. Como se ha mencionado anteriormente, el Egipto, antaño predominantemente cristiano, fue derrocado en la primera gran oleada de conquista islámica en el siglo VII. A partir de entonces, Egipto pasó entre varios agentes de poder islámicos, como los abasíes, los fatimíes, los ayubíes y los mamelucos.

Sin embargo, en 1517, el Imperio otomano, con sede en la actual Turquía, se hizo con el control de Egipto y lo incorporó a sus vastas posesiones. En 1805, Egipto era dirigido por un virrey otomano, Mohammed Ali Pasha. A partir de entonces, Egipto mantendría un estatus semiautónomo, controlado principalmente por el propio Mohammed Ali. Bajo el mando de Mohammed Ali, Egipto amplió su radio de acción al apoderarse de una gran parte de Sudán, lo que situó a las tropas egipcias justo en la frontera con Etiopía. A Mohammed Ali Pasha le sucedió su nieto Ismael en 1863. Este desempeñaría un papel en posteriores conflictos entre Egipto y Etiopía.

Como Tewodros creció cerca de la frontera etíope-sudanesa, donde la amenaza de una invasión egipcia se cernía en el horizonte, sabía lo delicada que era la situación de seguridad de Etiopía.

Tewodros también sabía lo que era ser pobre y luchar. Aunque procedía de la nobleza (más tarde afirmó que su padre estaba emparentado con el emperador Fasilides), de joven se encontró en la pobreza, desconectado y desheredado. Tras la muerte de su padre, Haile Giorgis Wolde Giorgis, se dice que sus abuelos, que guardaban rencor a la madre de Tewodros, Woizero Atitegeb Wondbewossen, se negaron a dejar nada a su nuera o a su nieto.

Al llegar a la edad adulta, Tewodros recurrió al bandolerismo para sobrevivir. Se convirtió en una especie de «Robin Hood», ya que dirigía partidas de asalto contra objetivos ricos y luego daba parte de las ganancias a los pobres. Después de que Tewodros y sus rebeldes se hicieran con un gran número de seguidores, pudo hacerse con la herencia de su padre en Qawra por la fuerza. Una vez que se hizo con el control de la región, demostró ser un líder capaz y popular que velaba por la gente común.

La gestión de Tewodros fue tan impresionante que la emperatriz Menen le concedió el control de la región Ye Meru Qemas. También le ofreció la mano de una de sus nietas, Tewabech Ali. Tewodros estaba ansioso por casarse con la realeza y aceptó la oferta. Sin embargo, su relación con su suegra se deterioraría. Pronto se enfrentaría a las tropas enviadas por la emperatriz. Sin embargo, Tewodros demostró ser demasiado formidable y utilizó su ejército para derrocar al marido de la emperatriz Menen, Yohannes III.

Poco después, Tewodros fue nombrado emperador de Etiopía en la primavera de 1855. Este acontecimiento marcó el fin de la Era de los Príncipes y el comienzo de un nuevo reinado de emperadores que luchaban por establecer un control centralizado sobre toda Etiopía.

En muchos sentidos, tras cien años de luchas internas y turbulencias prácticamente ininterrumpidas, fue como si Tewodros hubiera despertado a Etiopía de un largo letargo. Etiopía ya no se centraba en su interior, sino que empezó a mirar hacia el exterior, hacia el resto del mundo.

Tewodros sabía que había mucho trabajo por hacer. Con las tropas egipcias invadiendo las fronteras de Etiopía con la artillería más moderna, el primer objetivo de Tewodros era modernizar el ejército etíope. Tewodros tenía una doble estrategia que consistía en crear un ejército mejor y más disciplinado, y por otro lado, dotar al ejército de armamento moderno. En lo que respecta a la mejora de la disciplina y la cohesión de las fuerzas armadas de Etiopía, Tewodros tuvo un éxito marginal. En muchos aspectos, se adelantó a su tiempo. Y a diferencia de muchos de sus predecesores, comprendió plenamente la necesidad de que Etiopía tuviera un ejército nacional fuerte y unificado.

En lugar de tener varias milicias regionales a las que recurrir para hacer frente a las amenazas externas, Tewodros se dio cuenta de que Etiopía necesitaba una fuerza nacional unificada. La Era de los Príncipes demostró plenamente la debilidad de un ejército descentralizado. No siempre se podía confiar en las milicias regionales cuando se enfrentaban a una amenaza externa, y la mitad de las veces era más probable que lucharan entre ellas en lugar de presentar una fuerza unificada.

Tewodros sabía que si quería sofocar a los egipcios o cualquier otra amenaza externa, necesitaría un ejército nacional unificado compuesto por tropas de todos los sectores de Etiopía. Por supuesto, darse cuenta de tal cosa y conseguirlo son dos cosas diferentes. Tewodros hizo algunos grandes avances en la reforma militar y merece crédito por ello. En particular, Tewodros fue quien comenzó a pagar a sus tropas salarios regulares. También insistió en que los soldados dejaran la terrible práctica del acantonamiento, en la que las tropas podían entrar por la fuerza en una casa y apoderarse de los alimentos y cualquier otro bien que necesitaran de los campesinos locales.

Con Tewodros, los campesinos podían respirar un poco más tranquilos sabiendo que sus soldados ya estaban pagados y no irían a llamar a sus puertas mendigando (o exigiendo) comida. Sin embargo, Tewodros estaba dispuesto a hacer algunas excepciones. En al menos un incidente infame, Tewodros permitió el saqueo como forma de represalia.

Las milicias rebeldes de la región de Wollo (también llamada a veces Wallo) tendieron una emboscada a uno de los puestos de avanzada de Tewodros en medio de la noche. En el enfrentamiento, murió el propio guardia personal de Tewodros y los bandidos se llevaron varias mulas. Tewodros se enfadó tanto por este incidente que envió a sus tropas a la ciudad de la que se decía que procedían estos merodeadores y les ordenó que saquearan el pueblo completamente como forma de castigo colectivo.

Lo peor de la ira de Tewodros estaba reservado para sus tropas que se atrevían a desafiarlo. Poco después del incidente de Wollo se produjo un motín en el que algunos de sus soldados intentaron rebelarse.

Se dice que corrió el rumor de que Tewodros se había vuelto loco y planeaba lanzar una cruzada en Tierra Santa para recuperar Jerusalén. Suena un poco absurdo que este monarca etíope del siglo XIX se planteara algo así, pero Tewodros, por muy previsor que fuera en ciertos aspectos, tenía la mente atascada en los días de las Cruzadas. Como veremos, la mayor frustración que desarrolló con los británicos fue el hecho de que se pusieran del lado de los musulmanes egipcios en detrimento de los cristianos etíopes.

Tewodros se veía a sí mismo como una especie de cruzado y defensor de la fe cristiana. Pero dicho esto, no hay forma de saber si las habladurías entre sus soldados rebeldes eran reales o imaginarias. En cualquier caso, varias tropas hablaban de los supuestos planes de Tewodros de marchar sobre Jerusalén y convencieron a gran parte de su ejército de amotinarse. Tewodros sofocó esta revuelta con rapidez y decisión. Se dice que cuarenta y ocho de los rebeldes murieron acuchillados o fusilados. Según el erudito e historiador etíope Bahru Zewde, a los dos principales conspiradores de la revuelta se les cortaron los brazos y las piernas antes de morir estrangulados en la horca.

Tewodros trató de inculcar la disciplina en sus filas con mano de hierro, y durante un tiempo, sus tácticas de terror funcionaron. Pero como cualquier líder totalitario podría llegar a descubrir, la lealtad por miedo no sustituye a la lealtad por amor. Y por mucho que Tewodros reprimiera a sus soldados, siempre habría un gran contingente de su ejército dispuesto a desertar en cuanto surgiera la oportunidad.

Sin embargo, Tewodros hizo lo que le pareció mejor: modernizar sus fuerzas armadas. El otro aspecto crucial era la necesidad de contar con armamento moderno. Como se ha mencionado, las tropas egipcias estaban invadiendo las fronteras de Etiopía en ese momento. Y aunque su artillería no era tan avanzada como la de otras naciones, como los británicos, sus armas les daban una ventaja decisiva sobre los etíopes, que en aquella época tenían un armamento muy limitado.

Tewodros era muy consciente de este hecho y comenzó a buscar activamente el apoyo europeo para aumentar las armas de Etiopía. En particular, se dirigió a la reina Victoria de Gran Bretaña, solicitando el envío de asesores técnicos a Etiopía para ayudar a entrenar a los etíopes en las fundiciones locales para la fabricación de armas. Una vez más, mostrando su carácter previsor, Tewodros sabía que, en lugar de comprar armas a naciones extranjeras, lo mejor sería que los etíopes recibieran formación en la fabricación de armas para poder construirlas en casa.

Después de que el gobierno británico le cerrara las puertas a Tewodros, empezó a buscar en un lugar inusual el desarrollo de armas: Los misioneros europeos. Irónicamente, los misioneros que habían llegado a Etiopía para predicar sobre el amor y la paz pronto fueron buscados por Tewodros por las posibles habilidades técnicas que pudieran poseer para ayudarlo a desarrollar su arsenal.

En la primera fase de este alcance, ayudó a los misioneros a crear una escuela de formación técnica en la ciudad de Gafat. No está muy claro en qué pensaban estos misioneros que estaban participando, pero la escuela se centraba principalmente en enseñar a leer a los jóvenes sin recursos. Sin embargo, había algunos aspectos de formación técnica. Al principio, esta formación era en oficios prácticos, como la albañilería. Pero tras la continua presión de Tewodros, aquellos de entre los misioneros con un poco más de conocimiento técnico en lo que respecta a las armas y la pólvora comenzaron a producir algunas armas para el emperador. Es difícil saber cuál era la calidad de estas armas, pero aparentemente eran funcionales.

Más allá de todo pronóstico, Tewodros estaba haciendo algunos progresos, aunque había que hacer mucho más para que el armamento de Etiopía estuviera al mismo nivel que el de Egipto. Mientras tanto, Tewodros se ganó algunos enemigos bastante serios dentro de su país. A causa de sus reformas, se las arregló para pelearse con la Iglesia ortodoxa etíope.

En primer lugar, se enfadó por algo aparentemente trivial, pero que era muy importante para el clero etíope. Empezó a insistir en que los sacerdotes etíopes dejaran de llevar el *lemiem* delante de él. El *lemiem* es un sombrero con forma de turbante que llevan los sacerdotes ortodoxos etíopes. Tewodros, quizás mostrando su terquedad, se indignó porque los sacerdotes eran los únicos que se negaban a quitarse el sombrero en su presencia. Pero después de insistir a la fuerza en que los sacerdotes se quitaran el sombrero, provocó innecesariamente una fuerte reacción contra su gobierno.

Las cosas empeoraron aún más cuando Tewodros empezó a obligar no solo a la Iglesia ortodoxa etíope a prescindir de su tocado, sino también de sus tierras. Tewodros opinaba que la iglesia había acaparado demasiadas tierras y que algunas debían repartirse y entregarse a los campesinos. Esto fue un gran error, ya que la Iglesia ortodoxa etíope era el mayor poder interno de Etiopía que podía enfrentarse a él.

Sin embargo, cuando los representantes de la iglesia le preguntaron por sus acciones en 1856, se dice que Tewodros comentó: «¿Qué voy a comer y con qué voy a alimentar a mis tropas? Habéis tomado la mitad de la tierra como masqual maret, y la otra mitad como rim y gadam». Las palabras *masqual maret*, *rim* y *gadam* son términos etíopes para designar distinciones especiales de la propiedad eclesiástica. Tewodros dijo básicamente que la Iglesia ortodoxa etíope controlaba aproximadamente la mitad de toda Etiopía a través de sus extensas tierras. A pesar de las quejas de la Iglesia, Tewodros no iba a dar marcha atrás.

Incluso intentó imponer su autoridad contra los representantes de la Iglesia ortodoxa egipcia que estaban de visita. La situación en Egipto ya era complicada, puesto que Tewodros consideraba las invasiones del ejército egipcio como una amenaza, aunque la Iglesia ortodoxa egipcia representaba una gran minoría de la población egipcia.

Las cosas llegaron a un punto crítico en 1857, cuando Tewodros aparentemente se convenció de que los sacerdotes coptos se dedicaban al espionaje. Hizo arrestar al patriarca copto Kyrillos Makarios (Cyrillus Macaire). Las estrictas medidas de Tewodros con sus militares y la opresión de la iglesia hundieron su popularidad. Poco a poco, sus tropas empezaron a desertar y a unirse a grupos rebeldes. Su ejército llegó a contar con unos sesenta mil efectivos, pero finalmente se redujo a diez mil.

Aunque Tewodros seguía siendo el emperador, gran parte del país se había levantado contra él. Finalmente se vio obligado a refugiarse en su fortaleza de la montaña en la ciudad de Magdala. Aquí, finalmente despertó la ira de los británicos. En su obsesión por obligar a los misioneros cristianos a producir armas, confinó a varios súbditos británicos en Magdala contra su voluntad.

En 1862, instó al capitán Cameron, cónsul británico, a dirigirse al puerto de Massawa, que los británicos frecuentaban, para ver si podía recibir noticias del gobierno británico. Pero cuando

Cameron optó por regresar por Metemma (también llamado a veces Matamma), un puerto entonces bajo control egipcio, el paranoico Tewodros sospechó de traición y mandó meter a Cameron entre rejas. Los británicos tenían bastante claro que tenían un loco entre manos, así que tomaron medidas. Los británicos entablaron conversaciones con otras personalidades de Etiopía y organizaron una operación militar limitada con el objetivo de poner a Tewodros bajo custodia británica y liberar a los rehenes.

Por mucho que muchos etíopes hoy en día glorifiquen a Tewodros como una especie de gran y heroico luchador por la libertad, debemos tener en cuenta la realidad sobre el terreno en Etiopía en aquella época. Tewodros no era popular entre la mayoría de los etíopes. Ni mucho menos. En ese momento de su reinado, se lo consideraba un dictador despiadado, insoportable y un poco loco. La mayoría de los etíopes deseaban que Tewodros fuera apartado del poder. Así lo demuestra el hecho de que los británicos contaran con la plena cooperación de los etíopes y de los líderes locales de Etiopía, incluido el hombre que finalmente sustituiría a Tewodros, Yohannes IV.

Los británicos no tuvieron que luchar para llegar a la fortaleza de Tewodros en Magdala. Fueron ayudados y guiados por etíopes que deseaban ver a Tewodros fuera del poder. La presencia del ejército británico en Etiopía se consideraba pacífica. Y, a diferencia de los caudillos etíopes que merodeaban, los británicos no asaltaban las aldeas en busca de alimentos y otros bienes, sino que pagaban por ellos. Muchos etíopes locales ganaron mucho dinero vendiendo sus bienes y servicios al ejército británico.

En el fatídico año de 1868, los británicos llegaron a las puertas de la última fortaleza de Tewodros en Magdala, Etiopía. Los británicos y el emperador intercambiaron algunas palabras a través de intermediarios con la esperanza de una negociación de última hora. Pero no fue así. Los británicos insistieron en que Tewodros sería tratado con el mayor respeto y dignidad, pero que debía rendirse y ser puesto bajo custodia británica, aparentemente para ser juzgado en Gran Bretaña.

Tewodros no estaba dispuesto a aceptar este destino. Se negó a obedecer y los británicos prepararon su asalto. Los británicos, liderados por sir Robert Napier, desplegaron una fuerza de unos treinta mil efectivos y asaltaron fácilmente el recinto de Tewodros. Los pocos atrevidos que desafiaron la embestida británica fueron rápidamente acribillados por la artillería británica. En el drama que se desarrolló en Magdala, la escena que más ha captado la atención fueron los últimos momentos de la vida del emperador Tewodros II.

El 13 de abril de 1868, justo cuando los británicos estaban a punto de irrumpir en la misma sala en la que se encontraba Tewodros, este tomó la fatídica decisión de sacar su pistola personal, ponérsela en la cabeza y apretar el gatillo. Tewodros se quitó la vida antes de permitir que los británicos lo hicieran prisionero. Este desafío final ha cautivado a muchos y ha creado la leyenda de que Tewodros fue un gran luchador por la libertad.

Teniendo en cuenta todos los detalles de la situación, tal legado puede ser debatido a fondo, y se podría llegar a una gran variedad de opiniones sobre el tema. Una cosa que está clara y que quizás sea un poco sorprendente, teniendo en cuenta el terrible legado del colonialismo europeo, es que los británicos cumplieron su palabra. En lo que a veces ha dejado perplejos a algunos historiadores, una vez que los británicos se aseguraron de que el loco dictador Tewodros había sido neutralizado y los rehenes liberados, recogieron sus cosas, dieron las gracias a sus guías etíopes y se fueron a casa. No se quedaron demasiado tiempo. Tampoco se inmiscuyeron en los asuntos etíopes ni trataron de influir en ellos.

La opinión de los británicos sobre el tema quedó bastante clara cuando el secretario de Asuntos Exteriores de la reina Victoria, lord Stanley, emitió una declaración. «Al gobierno de Su Majestad no le preocupa lo que pueda ocurrirle a Abisinia por la expulsión del rey Teodoro [Tewodros] del país. No les preocupa en absoluto lo que pueda ser el futuro que le espera a Abisinia; qué gobernante pueda tener el poder en el país; qué guerras civiles o conmociones puedan surgir en él. Por razones de humanidad, el gobierno de Su Majestad desearía que el país estuviera bien gobernado, y que el pueblo estuviera contento y fuera próspero; pero no consideran que les incumba establecer o apoyar ninguna forma de gobierno o ningún gobernante en particular bajo el cual se lleve a cabo, en un país en el que realmente no tienen intereses británicos que promover».

Sí, parece que los británicos realmente tenían objetivos limitados en Etiopía. Solo para dar algo de perspectiva con los acontecimientos en los tiempos modernos, el enfoque británico sería similar al de Estados Unidos al destituir al iraquí Saddam Hussein del poder y luego salir inmediatamente de Irak, para nunca regresar. La historia, por supuesto, no fue así, y el derrocamiento de Saddam Hussein condujo a varios años de ocupación estadounidense. Los británicos, por su parte, estaban dispuestos a marcharse en cuanto Tewodros se fuera y básicamente se lavaron las manos después. «Su Majestad» deseaba lo mejor a los etíopes, pero por lo demás, los británicos no tenían ningún interés en participar en ningún proyecto de construcción nacional en Etiopía.

Dado que Etiopía acababa de salir de cien años de luchas internas durante la Era de los Príncipes, en la que varios gobernadores regionales se disputaban constantemente el poder detrás del trono, la amenaza de un vacío de poder no era realmente nada nuevo para Etiopía. Además, las distintas facciones del poder etíope ya se habían preparado para la destitución de Tewodros. Así que, tan pronto como los británicos se marcharon, los diversos agentes de poder de Etiopía se prepararon para posicionarse al frente de su cansada y fatigada nación.

Capítulo 5 - El emperador Yohannes IV sube al trono

«No me preocupa que los egipcios invadan repentinamente Etiopía. Nadie que lo haya intentado ha vivido para contarlo».
—Meles Zenawi

Después de que la última ronda de luchas internas llegara finalmente a su fin, un noble etíope llamado Mercha Kassai fue aclamado como emperador. Mercha Kassai fue coronado el 12 de enero de 1872 y se le dio el apelativo real de Yohannes IV (Juan IV). En realidad, la facción liderada por Yohannes IV se había hecho con el control de gran parte de Etiopía ya en 1868, cuando tuvo lugar la expedición británica contra Tewodros. Esto lo confirma el hecho de que Mercha Kassai era la figura más prominente con la que los británicos consultaban antes de atravesar un territorio que estaba en gran parte bajo el control de Kassai.

Pero, aun así, Yohannes IV tardó unos años tras la caída de Tewodros en consolidar su poder y acabar con posibles rivales para poder reclamar oficialmente el trono. Como solía ocurrir con cualquier pretendiente, se procuró que el nuevo emperador fuera, por lejano que fuera, de la línea salomónica. En lo que respecta a Mercha Kassai (Yohannes IV), se dijo que estaba emparentado con la nieta del primer emperador que tomó el título de Yohannes: Yohannes I.

Una vez aclarado todo esto, Yohannes IV se dedicó a intentar consolidar su control sobre todas las regiones lejanas de Etiopía, lo que no fue en absoluto una tarea fácil. Pero Yohannes demostró ser tan hábil diplomáticamente como militarmente. A los que no podía someter por la fuerza, los coaccionaba mediante la diplomacia. Por ejemplo, Yohannes reconoció sabiamente al gobernador de Gojjam, Ras Adal Tasamma, e incluso dio su bendición para que este poderoso caudillo expandiera su dominio hacia el sur sobre el río Abay (el Nilo Azul) e invadiera la región de Shewa.

Esto tuvo el efecto de compensar al ambicioso gobernador de Shewa, que un día se convertiría en el emperador etíope Menelik II. El historiador y erudito etíope Bahru Zewde describe esto como una estrategia brillante, ya que Yohannes IV enfrentó a sus principales rivales, utilizando a Ras Adal Tasamma como el contrapeso perfecto para el excesivamente ambicioso Menelik II.

Además de asegurarse de que los distintos gobernadores de Etiopía no desertaban ni se excedían en sus funciones, Yohannes IV, al igual que Tewodros antes que él, tuvo que enfrentarse a la creciente amenaza de la agresión egipcia. Al principio del reinado de Yohannes, los egipcios empezaron a superar la frontera sudanesa y a tomar posiciones en la Eritrea etíope.

Yohannes, que aún mantenía contacto con los británicos debido a su anterior cooperación en el derrocamiento de Tewodros, intentó obtener la ayuda británica. Pero aunque los británicos se mostraron a veces comprensivos, se mostraron tan poco dispuestos a ayudar a Yohannes como a Tewodros. Sin embargo, Yohannes demostró ser un líder mucho más estable y pragmático. En lugar de frustrarse y volcar todo el carro de la manzana, Yohannes actuó con calma y desarrolló sus propias estrategias para hacer frente a las amenazas existenciales a las que se enfrentaba Etiopía. Yohannes fue capaz de construir un fuerte ejército y, a través de varios medios, fue capaz de reunir algunas armas básicas para sus fuerzas.

Sus esfuerzos acabaron dando sus frutos y consiguió sus primeras victorias importantes en 1875 y 1876, cuando rechazó con éxito las incursiones egipcias en el norte de Etiopía, en lo que hoy es Eritrea. En esta época, Egipto estaba dirigido por el nieto del pachá Mohammed Ali, Ismael Pachá. Ismael tenía serias ambiciones de expandir Egipto, que ya controlaba gran parte de Sudán.

La primera batalla tuvo lugar el 16 de noviembre de 1875, cerca del río Mareb, en la ciudad de Gundat, al norte de Etiopía. Aquí, Yohannes demostró ser un brillante estratega militar al atraer a los egipcios a la muerte. Estas palabras pueden parecer una exageración, pero no lo son. Los egipcios invasores tenían un exceso de confianza, y Yohannes lo suponía. Engañó a los egipcios haciéndolos creer que su ejército estaba en retirada.

Yohannes hizo retroceder a sus tropas y los egipcios les siguieron, pensando que tenían a su enemigo en fuga. Justo cuando las fuerzas egipcias se encontraban en las profundidades de un valle escarpado, Yohannes dio la vuelta a sus tropas y logró que estas disparasen a los egipcios hasta destruirlos con todas las armas de fuego que poseían. Según el erudito etíope Bahru Zewde, esta batalla terminó con la aniquilación casi total y absoluta del ejército egipcio.

Aun así, este no fue el fin de la amenaza egipcia, ya que el líder egipcio Ismael se redobló y buscó venganza por la pérdida de tantas tropas. En los meses siguientes, reunió otra fuerza. En la primavera de 1876, las envió a enfrentarse de nuevo a los etíopes cerca de la ciudad de Gura. Aquí, los egipcios fueron mucho más cautelosos y en general se comportaron mejor que en el anterior enfrentamiento, pero tras una larga y sangrienta lucha, los etíopes volvieron a salir victoriosos.

Al derrotar a sus enemigos, Yohannes recibió el beneficio de recoger la artillería egipcia, incluyendo la requisición de veinte potentes cañones. La victoria de Etiopía sobre Egipto tuvo graves consecuencias para los egipcios. La desmoralizadora derrota condujo a la eventual destitución de Ismael y puso fin a las ambiciones territoriales egipcias en Etiopía. También inspiraría a Sudán a sacudirse el yugo de Egipto.

Como se dice, retrospectivamente es siempre mejor, pero probablemente habría sido preferible que Yohannes se hubiera alineado con Sudán en esta coyuntura de la historia. Tal vez Yohannes creyó que debía evitar exagerar su mano, ya que intentaba negociar la paz con Egipto. Los tratados diplomáticos se hicieron en 1876, poco después de la batalla de Gura.

Las conversaciones se prolongarían durante los años siguientes y, mientras tanto, los sudaneses —probablemente inspirados por la derrota de Egipto a manos de Etiopía— se alzarían contra los egipcios. En 1881 estalló el movimiento mahdista, que combinaba la cepa personal de radicalismo islámico de Sudán con el nacionalismo sudanés. Rechazaban con vehemencia la ocupación egipcia.

Evidentemente, Egipto se encontraba en una mala situación en ese momento. Había sido derrotado ampliamente por los etíopes y ahora tenía a Sudán en plena revuelta. Esta habría sido otra oportunidad perfecta para que Etiopía se aliara con Sudán a costa de Egipto, pero no fue así. En su lugar, Yohannes seguía inmerso en negociaciones con los atribulados egipcios, con los británicos como mediadores.

Estas conversaciones dieron lugar a la firma del Tratado Hewett, que fue supervisado por el contralmirante británico sir William Hewett. Se firmó el 3 de junio de 1884. Los términos de este tratado inicialmente parecían conceder gran parte de lo que Yohannes buscaba. A Etiopía se le permitía la «libre importación de bienes», pero lo más importante es que tenía acceso sin restricciones a las armas de fuego. El nefasto ex emperador Tewodros habría estado extasiado solo por este punto.

El tratado también acordó que el territorio previamente confiscado por Egipto fuera devuelto a Etiopía. Pero como parte de este trato, Yohannes tuvo que aceptar ayudar a la evacuación de las tropas egipcias de la región. Estos esfuerzos llevaron a las tropas etíopes a un conflicto directo con los mahdistas sudaneses que luchaban contra los egipcios. Etiopía se encontraba ahora en la extraña y aparentemente irracional situación de haber derrotado a los egipcios solo para tener que dar la vuelta y apoyarlos contra los sudaneses.

Estos acontecimientos tendrían consecuencias directas para el propio Yohannes, ya que fue una batalla contra los resurgidos mahdistas en 1889 la que lo llevaría a la muerte. Sí, el gran emperador etíope que había derrotado decisivamente a uno de los mayores enemigos de la historia de Etiopía fue asesinado en lo que fue esencialmente una batalla totalmente innecesaria y sin sentido contra los luchadores por la libertad sudaneses que podrían haber sido aliados de Etiopía.

La primera batalla contra los mahdistas estalló en septiembre de 1885, cuando uno de los leales comandantes de Yohannes, Ras Alula, logró abatir a unos cuantos miles de combatientes mahdistas, aunque resultó herido en la refriega. Los mahdistas se reagruparon y, en 1888, llegaron a la antigua capital de Etiopía —Gondar— saqueando la ciudad. Yohannes IV había encargado a Menelik que liberara a Gondar, pero Menelik y sus tropas tardaron demasiado en llegar y no fueron de gran ayuda.

Yohannes dirigiría una gran batalla contra las tropas mahdistas situadas en los alrededores de Metemma el 9 de marzo de 1889. Al principio la batalla fue bien para los etíopes, y parecían estar a punto de ganar. Sin embargo, el caos estalló cuando Yohannes IV cayó en la batalla. Este caos envolvería a toda Etiopía, ya que el sucesor más probable de Yohannes IV —Menelik II— luchaba por derrotar a los enemigos externos de Etiopía y abrirse camino hacia el trono.

Capítulo 6 -
La difícil paz de Menelik II

«Quería que el mundo supiera que mi país, Etiopía, siempre ha ganado con determinación y heroísmo».
—Abebe Bikila

Menelik II nació en 1844, en plena época turbulenta de los príncipes. De joven, creció bajo el singular pero totalmente inestable reinado del emperador Tewodros. A la muerte de Tewodros, en 1868, Menelik era un hombre joven, todavía en sus veintes, pero ya había creado una base de poder lo suficientemente grande como para ser un potencial aspirante al trono.

Desde el principio del reinado del emperador Yohannes IV, este tuvo que enfrentarse al creciente poder de Menelik. Al principio, Yohannes fue bastante eficaz a la hora de contener a Menelik en la región de Shewa, utilizando a otros gobernadores regionales para que lo acorralaran y frenaran su crecimiento. Pero ambos no llegaron a un acuerdo completo hasta que firmaron el Acuerdo de Leche en 1878.

El acuerdo se llama así porque Yohannes y Menelik tuvieron un verdadero enfrentamiento cerca de la ciudad de Leche, donde estuvieron a punto de llegar a las manos. Sin embargo, Menelik se dio cuenta sabiamente de que no estaba preparado para enfrentarse a Yohannes y acabó cediendo ante el emperador etíope. Menelik se sometió oficialmente a Yohannes y este aceptó con gracia su sumisión. A continuación, Yohannes nombró a Menelik como uno de sus fieles subordinados, convirtiéndolo en un «rey» regional por así decirlo, y le encargó que gobernara la región como considerara oportuno, siempre y cuando considerara al emperador Yohannes como su soberano.

Durante este encuentro, se dice que Yohannes le dijo a Menelik: «En consecuencia, sois rey y señor de una tierra conquistada por vuestros antepasados; respetaré vuestra soberanía si sois fiel a los acuerdos decididos entre nosotros. Quien ataca vuestro reino, me ataca a mí, y quien os hace la guerra, me la hace a mí. Por lo tanto, sois mi hijo mayor». El sistema de gobernantes regionales de Etiopía, en el que los caudillos locales como Menelik estaban subordinados a un emperador supremo, recordaba mucho al feudalismo de Europa durante la Edad Media. Menelik era básicamente el equivalente etíope de un conde o barón. Se encargaba de mantener su propia región siempre y cuando rindiera cuentas al emperador Yohannes al final del día.

Poco más de diez años después de este acuerdo, el emperador Yohannes IV pereció luchando contra los mahdistas sudaneses en 1889. Sin duda, Menelik se sorprendió al enterarse de la muerte de su emperador, a pesar de que habían sido rivales en ocasiones. Pero, no obstante, estaba preparado para ello.

Menelik ya había consolidado un gran ejército y había apuntalado sólidas conexiones políticas. Incluso se casó con una noble llamada Taitu en 1883. Se dice que Taitu era descendiente directa del antiguo emperador Susenyos I, por lo que pertenecía a la línea salomónica. Menelik también hizo incursiones en el frente internacional. Mientras el emperador Yohannes estrechaba lazos con los británicos con el Tratado Hewitt, que lo obligaba a ayudar a los egipcios contra los mahdistas sudaneses, Menelik recibía a un nuevo actor internacional, que llegaba tarde a la escena etíope: los italianos.

Menelik había entablado relaciones diplomáticas con los italianos que frecuentaban la región de Shewa en el pasado. Sin embargo, se sintió profundamente consternado al enterarse de que los británicos habían concedido unilateralmente a los italianos el acceso al puerto de Massawa, en el norte de Etiopía. El puerto de Massawa en el mar Rojo (parte de la actual Eritrea) era un antiguo territorio etíope, pero había sido tomado varios siglos antes por el Imperio otomano. Entonces estaba en manos de los egipcios, y Yohannes esperaba su devolución tras la derrota de Egipto.

En el último momento, los británicos aparentemente cambiaron la presencia egipcia por una italiana, con la esperanza de utilizar a los italianos como su «perro guardián» personal en el mar Rojo. Esta maniobra dudosa y solapada enfureció tanto al emperador Yohannes como a Menelik. Con el tiempo, la entrada de los italianos en Massawa sentaría las bases de una lucha titánica entre Italia y Etiopía.

El emperador Yohannes aún intentaba asimilar esta situación cuando fue eliminado por los mahdistas en 1889. Así, Menelik tendría que enfrentarse a los italianos. Aunque lo único que se les había concedido a los italianos era un punto de apoyo en el puerto del mar Rojo, no tardaron en encontrar cualquier excusa para ampliar su alcance en las tierras altas del norte de Etiopía. En 1887, los italianos se extralimitaron gravemente y uno de los secuaces del emperador Yohannes, Ras Alula, no dudó en demostrarlo. Su milicia se enfrentó a los italianos en Dogali y los derrotó con contundencia, dejando cientos de tropas italianas muertas. En realidad, los italianos cayeron en una emboscada y, en Italia, el incidente fue calificado de masacre. No pasó mucho tiempo antes de que tanto el Parlamento italiano como los ciudadanos italianos de a pie pidieran venganza.

Los esfuerzos de expansión de Italia continuarían. Pronto, las fuerzas italianas se expandirían hacia el asentamiento cercano de Saati. Los italianos estaban bastante ocupados aquí, instalando vías de ferrocarril e incluso una línea de telégrafo. Para evitar futuras emboscadas, el asentamiento estaba rodeado de reflectores, que funcionaban con un generador. Los italianos incluso hicieron subir a un hombre en un globo aerostático para que pudiera vigilar. Los italianos estaban dispuestos a utilizar lo último en tecnología para mejorar sus posibilidades.

Cuando Menelik llegó al trono, no estaba preparado para la guerra. Así que intentó utilizar la diplomacia recurriendo a un viejo recurso: el diplomático italiano conde Pietro Antonelli. Como resultado, Menelik forjó el Tratado de Wuchale con los italianos. Menelik renunció a gran parte de lo que hoy es Eritrea, entre otras cosas, pero el mayor problema era la soberanía etíope. El tratado estipulaba que Etiopía debía someterse a Italia en situaciones internacionales importantes. Este compromiso privaría a Etiopía de su libertad como nación independiente y la reduciría a un protectorado de Italia.

Los italianos engañaron a Menelik para que firmara este acuerdo gracias a un juego de manos. Aunque el acuerdo sobre el estatus de protectorado estaba incluido en la copia italiana del acuerdo, en la versión amárica, ciertamente no lo estaba. Esto no puede considerarse un accidente por parte de los italianos.

En cualquier caso, Menelik no tenía ni idea de lo que se le obligaba a aceptar al firmar su nombre. Cuando la versión italiana fue traducida correctamente a Menelik, este se sintió profundamente consternado, pero logró mantener la compostura. Con la esperanza, al parecer, de que el «malentendido» se aclarara diplomáticamente, envió una misiva a Roma para aclarar las cosas. En la carta se mencionaba mucho al diplomático italiano Antonelli, lo que indicaba lo implicado que estaba este tecnócrata italiano en los asuntos etíopes de la época.

La carta decía en parte: «Me quedé asombrado cuando vi lo que me trajo Antonelli. Incluso en nuestro país, cuando los mercaderes piden un precio, lo hacen por encima de su valor para poder bajar a su verdadero valor; no fijan un precio bajo para aumentarlo después. Cuando Antonelli exigió la frontera en el Mereb, le dije: "Si me llaman rey de reyes de Etiopía es porque tengo el Tigray en mi reino. Si os lleváis hasta el Mereb, ¿qué me queda a mí?". Los señores feudatarios de Tigray me protestaron: "¿Cómo podéis dejar que Italia tome ese país que conservamos al precio de nuestra sangre luchando contra los [egipcios]?". Les dije que era mejor tener cristianos como vecinos que musulmanes y que la paz era mejor que la guerra. Ordené a Dejasmach Meshesha Werqe que hiciera la paz entre Ras Mengesha, Ras Alula y sus generales. Ellos hicieron la paz. Entonces le rendí todos los honores a vuestro enviado, el conde Salimbeni, y le pregunté: "¿Por qué no se ha hecho el trazado de la frontera?" Me dijo que no se puede hacer hasta que no tengáis el Mereb como frontera. Sé que tales palabras no podían salir de vuestra boca, ya que Ras Makonnen hablaba muy bien de vuestro carácter real. Estoy esperando con impaciencia que se establezca esta frontera».

Esta carta de Menelik, aunque aparentemente seguía buscando una solución diplomática, estaba descaradamente enfadado, como indican las palabras «Estoy esperando *impacientemente* que se arregle esta frontera». Al leerlo, uno casi podría preguntarse si se trata de una errata, pero a menos que se trate de un desliz freudiano por parte de Menelik, es probable que utilizara esta palabra con sus traductores a propósito para transmitir a los italianos que su paciencia con ellos estaba a punto de agotarse.

La situación entre los italianos y los etíopes durante este periodo es más complicada de lo que muchos relatos parecen reconocer. La versión corta y demasiado simplificada de los hechos dice que los italianos eran colonizadores malvados y horribles que se inmiscuyeron erróneamente en los asuntos etíopes y que los etíopes acabaron imponiéndose y quitándose de encima a sus opresores. Pero en realidad es mucho más complejo que un resumen tan simple de los acontecimientos.

Los italianos habían mantenido relaciones amistosas con los etíopes desde los tiempos del emperador Yohannes y habían hecho importantes incursiones con su sucesor Menelik antes de que este llegara al trono. Por esta razón, la corte de Menelik estaba llena de diplomáticos italianos cuando se produjo el «malentendido» sobre el Tratado de Wuchale.

El primer indicio de problema se produjo cuando los británicos, tras la derrota egipcia, traicionaron los intereses etíopes al ceder unilateralmente el puerto de Massawa a los italianos. Esto dio a los italianos un punto de apoyo colonial en el norte de Etiopía. A continuación, los italianos tentaron a la suerte e intentaron adentrarse más en las tierras altas de Etiopía. Sus acciones provocaron una importante respuesta etíope.

El hecho de que las tropas etíopes al mando de Ras Alula diezmaran a cientos de italianos en una sola batalla no fue poca cosa. En muchos sentidos, es sorprendente que la guerra total no estallara en ese momento. Pero no lo hizo. Parece que, por diversas razones, tanto los italianos como los etíopes querían bajar la temperatura y dar una oportunidad a la paz (o al menos a alguna variante de ella).

En ese momento, los italianos estaban tratando de averiguar la mejor manera de acercarse a los etíopes. Estaba claro que querían obtener concesiones de Etiopía, pero aún no estaban dispuestos a ir a la guerra para lograrlo. En su lugar, intentaron engañar a Menelik mediante la duplicidad diplomática. Cuando Menelik comprendió los juegos que los italianos estaban llevando a cabo, decidió abandonar las pretensiones y exponerlos.

En su airada carta, Menelik incluso mencionó la masacre de Dogali y habló de cómo desde entonces había ordenado a sus comandantes que cesaran las hostilidades y había hecho grandes esfuerzos por mantener la paz. Esta referencia imprevista al incidente de Dogali fue probablemente una forma de mostrarse como un pacificador, a la vez que amenazaba sutilmente a los italianos recordándoles que los etíopes les habían asestado un golpe decisivo.

Los italianos podrían haberse echado atrás en este punto. Incluso podrían haber intentado salvar la cara alegando que la situación era realmente un gran malentendido. Pero no lo hicieron. En lugar de aprender la lección después de que sus tropas fueran destruidas en Dogali, escucharon las voces fuertes y furiosas tanto en el Parlamento italiano como en las calles italianas. El pueblo pedía una acción agresiva contra Etiopía. Italia, por muy arrogante y santurrona que fuera, sintió que no podía echarse atrás.

Italia solo se había convertido en una nación unificada unas décadas antes, en 1871, por lo que estaba muy ansiosa por demostrar su valía mientras todos sus pares europeos la observaban. La ansiedad de Italia por quedar mal ante otras potencias europeas fue expresada abiertamente a Menelik en su momento por su diplomático italiano residente Antonelli, quien le advirtió de los peligros de «avergonzar» a Italia ante otras naciones europeas.

Sin embargo, Menelik envió una serie de cartas a casi todos los principales actores del mundo de la época, indicando que Etiopía había sido engañada por los italianos y que el tratado era, por tanto, nulo. Pero en lugar de admitir su culpa, los italianos, acomplejados, se retractaron. Insistieron en que ellos no tenían la culpa de esta debacle diplomática y que eran los etíopes los que estaban equivocados.

El conde Antonelli se esforzó por aliviar las tensiones en la medida de lo posible. Al principio, sus intentos dieron sus frutos. A principios de 1891, parecía estar a punto de llegar a un compromiso con Menelik. Este aceptó un ajuste de las condiciones italianas en el que consideraría dar a Italia un estatus preferente, no de protectorado. También se comprometió a no permitir que ninguna otra nación reclamara un protectorado sobre Etiopía. Dado que Menelik no tenía intención de permitir que Etiopía se convirtiera en un protectorado de ninguna nación, esto era obviamente aceptable. Al declarar que Etiopía no permitiría que ninguna otra nación la reclamara como protectorado, los italianos salvarían la cara, ya que los convertía en el candidato preferido en caso de que Etiopía cambiara de opinión.

Todo esto parece bastante absurdo, pero Antonelli intentaba conseguir un milagro diplomático para evitar la guerra maquillando rigurosamente la letra pequeña del tratado. Aunque Menelik parecía inicialmente de acuerdo con estas posibles modificaciones, su esposa, la emperatriz Taitu, estaba horrorizada. Se dice que interrumpió a menudo los procedimientos para expresar su preocupación.

En un momento dado, Antonelli volvió a explicar la importancia de que Italia no se avergonzara en la escena mundial. Taitu tenía algo que decir. Según los relatos del intercambio, Taitu comentó con enfado: «¡Nosotros también debemos mantener nuestra dignidad! Queréis que otros países vean a Etiopía como vuestro protegido, ¡pero eso nunca será!». Sí, a pesar de lo fuerte que era Menelik como líder, hay muchos relatos tomados directamente de los procesos judiciales etíopes que indican que su esposa tenía bastante influencia cuando se trataba de relaciones diplomáticas. Esto era algo de lo que los diplomáticos italianos, como Antonelli, se quejaban a menudo.

Parecía que veían al emperador Menelik como el socio más maleable de la pareja real y a la emperatriz como más bien un obstáculo para sus planes.

La emperatriz Taitu acabó riéndose de Antonelli cuando, en febrero de 1891, fue derrotado en su propio juego. Tras acaloradas deliberaciones, se lo engañó para que firmara un nuevo tratado escrito en amárico, que Antonelli pensó que confirmaría el estatus preferente de Italia. Poco después de firmarlo, tradujo el documento para descubrir que era un rechazo total a cualquier posibilidad de que Etiopía se convirtiera en un protectorado.

Al darse cuenta de que lo habían engañado para que firmara con su nombre lo contrario de lo que quería el gobierno italiano, Antonelli perdió la calma diplomática y arrancó su nombre firmado del documento. Los relatos posteriores dicen que la emperatriz Taitu se divirtió bastante con el incidente, pero también reprendió a Antonelli por ser tan descarado y señaló, con razón, que nadie lo había obligado a firmar el tratado.

Poco después de este incidente, Antonelli y otros diplomáticos italianos abandonaron Etiopía. El emperador Menelik II se alegró de haberse mantenido firme, pero debía saber que la marcha de estos diplomáticos simbolizaba la desaparición de cualquier posibilidad de éxito en materia de diplomacia. Hubo algunos intentos, como en el verano de 1894, cuando una nueva misión diplomática apareció brevemente en la corte del emperador Menelik en Addis Abeba, pero los esfuerzos no llegaron a ninguna parte. La guerra con Italia estaba en el horizonte.

Curiosamente, mientras ambos bandos se acercaban cada vez más a los golpes, una delegación rusa llegó a Etiopía. La delegación llegó a principios de 1895 y se presentó como una misión de buena voluntad con gran interés en apuntalar las relaciones religiosas y políticas entre Etiopía y Rusia. Ambos países tenían algo en común porque ambas eran cristianas ortodoxas.

Menelik se alegró de poder reunirse con sus supuestos correligionarios y no dejó de ver la oportunidad de obtener apoyo militar de otra potencia europea. Esta primera misión rusa a Etiopía dio lugar a una misión de retorno inmediata, ya que los diplomáticos etíopes llegaron a Rusia en junio de 1895. Los italianos se mostraron muy recelosos y preocupados por estos acontecimientos, pero los rusos insistieron en que no se estaba realizando ninguna alianza militar formal.

Sin embargo, la delegación etíope recibió discretamente unas 135 piezas de artillería de fabricación rusa para llevar a casa. Después de una aventura relámpago en Rusia, la comitiva etíope regresó a Etiopía a través del puerto de Djibouti el 2 de septiembre de 1895. La ayuda rusa pudo ser mínima, pero incluso la idea de que otra potencia europea estuviera interesada en apoyar a Etiopía contra los italianos fue una gran inyección de moral para el emperador Menelik. También Italia debió de intuir que, con la intervención de Rusia, la opinión internacional podría volverse pronto en su contra. Por ello, Italia decidió actuar.

En octubre de 1895, Italia realizó su primer movimiento agresivo cruzando el río Mareb, que hasta entonces había representado una frontera para la expansión territorial. La respuesta de Menelik fue rápida y decisiva. Reunió un enorme ejército de 100.000 soldados, armados lo mejor posible.

Con su ejército listo para marchar, Menelik emitió una declaración cuidadosamente preparada que decía en parte: "Reunid el ejército, tocad el tambor. Dios, en su bondad, ha abatido a mis enemigos y ha ampliado mi imperio y me ha preservado hasta hoy. He reinado por la gracia de Dios. Como todos debemos morir, no me afligiré si muero. Han llegado enemigos que quieren arruinar nuestro país y cambiar nuestra religión [de ortodoxa a católica]. Han pasado más allá del mar que Dios nos dio como frontera. Yo, consciente de que los rebaños estaban diezmados y la gente agotada, no quise hacer nada [al respecto] hasta ahora. Estos enemigos han avanzado, se han adentrado en el país como topos. Con la ayuda de Dios, me desharé de ellos. Hombres de mi país, hasta ahora, creo que nunca os he perjudicado y nunca me habéis causado dolor. Ahora, vosotros que sois fuertes, ayudadme; vosotros que sois débiles, ayudadme con vuestras oraciones, mientras pensáis en vuestros hijos, en vuestras mujeres y en vuestra fe».

Fue una poderosa declaración unificadora para unir a los etíopes, al tiempo que deshumanizaba a los enemigos italianos como simples topos —pestes intrusas— que había que eliminar.

Con estos sentimientos populares proclamados, el ejército etíope fue enviado a enfrentarse a la amenaza italiana de frente. Esto condujo al primer enfrentamiento real, que tuvo lugar en las cercanías de Amba Alagi, en la región etíope de Tigray, el 7 de diciembre de 1895.

Un contingente de tropas etíopes bajo el mando de Fitawrari Gebeyehu se acercó a un recinto fortificado italiano. Se produjo una escaramuza entre esta avanzadilla de etíopes y los italianos. Pronto, el resto de las tropas etíopes se apresuraron a reforzar el contingente de Gebeyehu. La fortaleza italiana estaba situada en la cima de una colina, por lo que los etíopes tuvieron que subir con dificultad una pendiente para llegar a la fortificación.

Sin duda fue una batalla cuesta arriba, pero a pesar de ello, los etíopes arrollaron a su enemigo y lo derrotaron, apoderándose de la fortaleza. Se dice que más de mil soldados italianos perecieron en este intercambio. Fitawrari Gebeyehu fue aclamado como un héroe y recibió el apodo de «Gobez-ayehu». Es un juego de palabras con el nombre «Gebeyehu». En amárico, la palabra «gobez» significa «bueno», pero unida a «ayehu», significa algo así como «hombre bueno y valiente».

Tras este exitoso asalto, el ejército etíope se dirigió a un fuerte italiano cercano, situado en Mekelle, en Tigray, donde algunos de los anteriores combatientes italianos habían huido. Rodeados y sin suministros, los italianos se rindieron. Los etíopes les permitieron generosamente abandonar el fuerte e incluso les suministraron el agua y otras provisiones que tanto necesitaban.

En ese momento, el emperador Menelik no había renunciado por completo a la paz y quizás esperaba que esta muestra de misericordia convenciera a los italianos de volver a la mesa de negociaciones. Pero el gobierno italiano en Roma siguió siendo totalmente insolente y obstinado, negándose a ceder en ninguna de sus posiciones anteriores. Por consiguiente, la guerra continuó.

Poco después de la toma de Mekelle, se produjo el último encuentro dramático de la guerra. Menelik marchó con sus tropas hacia la fortaleza italiana de Adua en la primavera de 1896. El ejército de Menelik acampó a las puertas de Adua en las primeras horas del 1 de marzo. El comandante italiano, Oreste Baratieri, tiró los dados y decidió enviar sus tropas fuera de la protección de la fortaleza para intentar una ofensiva contra los etíopes.

Una representación de Menelik II en la batalla de Adua
https://commons.wikimedia.org/wiki/File:Menelik_-_Adoua-2_(cropped).jpg

Baratieri dirigió tres columnas de tropas hacia el ejército etíope. Desde el principio de la batalla, la logística y la coordinación resultaron ser muy deficientes por parte de los italianos. Y pronto, una feroz respuesta etíope comenzó a desgarrar las líneas italianas. Se produjo el caos. Las tropas italianas fueron diezmadas, y una vez que el humo se disipó en ese fatídico día del 1 de marzo de 1896, quedó claro que Italia había perdido la guerra. Las tropas italianas fueron aniquiladas casi por completo, y los que sobrevivieron tuvieron que enfrentarse a la dura realidad de ser prisioneros de guerra.

La mayoría de los italianos fueron atendidos en general, pero algunos salieron peor parados por culpa de algunas de las tropas de Menelik más entusiastas. Francamente, el peor destino que podía esperar un soldado italiano era ser castrado. Aunque suene horrible (y ciertamente lo es), para algunos soldados etíopes, la toma de los testículos de su enemigo se consideraba un trofeo de guerra. Como dato, se dice que Menelik prohibió este ejercicio y denunció expresamente a quienes lo hacían. Pero entonces, como ocurre ahora, incluso los mejores comandantes militares no pueden controlar totalmente las acciones de todos sus soldados. Así que sí, se produjeron abusos, pero esto no debe reflejarse en las tropas etíopes en su conjunto, sino solo en las más extremas.

En cualquier caso, los italianos, humillados y derrotados, no tuvieron más remedio que negociar con Etiopía. Esto condujo a la firma del Tratado de Addis Abeba en octubre de 1896. Italia reconoció por fin la independencia completa e inalterable de Etiopía. El reconocimiento formal de Etiopía como potencia independiente en la escena mundial se consideró un gran premio para el prestigio etíope. Sin embargo, en general, el tratado fue bastante indulgente con los italianos. Los etíopes no hicieron ninguna nueva demanda territorial. Los italianos se vieron obligados a volver al territorio que controlaban en el extremo norte de Etiopía (la actual Eritrea) antes del conflicto.

Sin embargo, esto se volvería en contra de Etiopía en décadas posteriores, cuando el dictador fascista italiano Benito Mussolini utilizó la Eritrea italiana como plataforma de lanzamiento para nuevas hostilidades contra Etiopía. Sin embargo, durante un tiempo pareció que Menelik había ganado una paz muy reñida, y toda Etiopía estaba orgullosa de lo que se había conseguido.

Capítulo 7 -
Los últimos años de Menelik II y la llegada de Ras Tafari

«Siempre hay que recordar que para liderar, primero hay que aprender a seguir».
—*Haile Selassie*

La victoria de Menelik II sobre los italianos conmocionó al mundo y le dio a Etiopía un prestigio duramente ganado. Pero todavía había realidades preocupantes sobre el terreno a las que Etiopía tenía que enfrentarse. Justo antes de la guerra, la hambruna había sacudido el país y dejado muchos muertos, y en los años inmediatamente posteriores al conflicto, Menelik tuvo que lidiar con gobernadores rebeldes en varias regiones de su imperio.

Una fotografía de Menelik II
https://commons.wikimedia.org/wiki/File:Emperor_Menelik_II.png

Por ejemplo, el gobernador de Tigray, donde tuvo lugar gran parte de los combates contra los italianos invasores, empezó a hacer sonar su sable contra Menelik. Esta rebelión fue sofocada por Menelik en 1902, pero poco después, Menelik tuvo que apagar otro incendio cuando el pueblo oromo del sur de Etiopía comenzó a rebelarse contra su gobierno.

Menelik también tuvo que enfrentarse a problemas procedentes de una parte quizá insospechada, debido a las ambiciosas pretensiones del gobernador de Harar, en el este de Etiopía, Ras Makonnen. Ras Makonnen había demostrado valor y distinción al frente de las tropas en la lucha contra los italianos, y ahora parecía dispuesto a posicionarse como el heredero definitivo del trono. Después de todo, esta era la tradición general de sucesión en Etiopía desde la Era de los Príncipes. Por lo general, los hijos hereditarios del emperador no sucedían al trono; la mayoría de las veces, un «príncipe» o gobernador regional tomaba el control.

Es probable que Menelik viera a ras Makonnen como un digno sucesor, ya que describió su relación como de «padre e hijo». Pero Menelik esperaba tener la longevidad de su lado y no quería que su «hijo» tuviera ideas raras e intentara sucederle demasiado pronto. El destino quiso que Ras Makonnen no sucediera finalmente a Menelik. Tras una larga lucha, su hijo, Tafari Makonnen, más tarde Ras Tafari, recibiría ese honor.

En cualquier caso, a pesar de cierta inestabilidad regional, Menelik comenzó a hacer progresos en el frente interno. Con la ayuda de ingenieros franceses, hizo instalar un ferrocarril que llegaba desde Yibuti, en el norte, hasta Addis Abeba, la capital, situada en el centro de Etiopía. Esta línea ferroviaria sería una gran ayuda tanto para Etiopía como para los viajeros extranjeros, ya que significaba que el peligroso viaje por tierra desde el puerto de Yibuti hasta Addis Abeba ya no sería necesario.

En años anteriores, el dominio de Ras Makonnen en Harar había recibido una gran vía de interconexión con el resto de Etiopía gracias a la instalación de un telégrafo en funcionamiento. Este conectaba el extremo oriental de Etiopía con la capital. El telégrafo pronto se actualizó con teléfonos. Addis Abeba estaba conectada a los teléfonos de Tigray y Eritrea en 1904 y a Gore en 1905.

El ferrocarril, el telégrafo y el teléfono resultaron ser grandes ventajas para el imperio de Menelik, ya que le permitieron tener un contacto mucho más fácil con los representantes de las distintas regiones. Esto ayudó a crear un mayor sentido de centralización; anteriormente, el gobierno había sido una federación poco conectada.

En el año siguiente, 1906, Menelik comenzó a considerar quién podría ser su heredero. El primero en la línea era Zauditu (también escrito a veces como Zawditu), su hija, seguido por su nieto, un joven llamado Lij Iyasu. Pero Menelik cambió de opinión, ya que consideró que ras Makonnen sería la opción más fiable.

Ras Makonnen, gobernador de Harar, ya había demostrado ser un formidable comandante militar y administrador civil. Sin embargo, lamentablemente, justo cuando Menelik II estaba a punto de dar a conocer su decisión, Ras Makonnen falleció abruptamente. Por muy triste que fuera el fallecimiento para Menelik, fue absolutamente devastador para su hijo, Tafari. El efecto más inmediato que tuvo sobre él fue que se esperaba que el joven de catorce años ocupara su lugar como ras de Harar. Esto le daría el título que los jamaicanos harían famoso más tarde, Ras Tafari, ya que el joven Tafari sería el ras (gobernador) de Harar.

Pero Menelik consideró que el joven no estaba del todo preparado e hizo que Ras Tafari fuera a Addis Abeba para que pudiera recibir una formación más adecuada en el gobierno. El hermanastro de Tafari, Yilma, gobernaría Harar mientras Tafari estaba fuera. Curiosamente, el nieto de Menelik, que también era un sucesor potencial, asistió a la misma escuela en la que estaba inscrito Tafari.

El 27 de octubre de 1909, el emperador Menelik sufrió un ataque de apoplejía y, a partir de ese momento, su salud empeoró considerablemente. Pero mientras que el joven Tafari parecía tomarse muy en serio su formación, Lij Iyasu era más conocido por malgastar el dinero de su abuelo y salir con sus amigos.

En 1907, Tafari recibió la noticia de que su hermanastro Yilma había muerto. Esto significaba que a Tafari le correspondía convertirse en el ras de Harar. Sin embargo, antes de que pudiera reclamar el título de Ras Tafari, Menelik intervino colocando a uno de sus comandantes militares, un hombre llamado Balcha Safo, en el cargo. Y en lugar de enviar a Tafari a Harar, Menelik lo destinó como administrador a la región de Sidamo.

Tafari llegó rápidamente a Sidamo acompañado de su propia milicia, que había sido leal a su padre, el difunto Ras Makonnen. Tafari se puso rápidamente a trabajar en Sidamo y trató de familiarizarse con la población bajo su jurisdicción. Celebraba consejos semanales con sus asociados para discutir todos los asuntos pertinentes del día. Tafari estaba bastante satisfecho con su nuevo papel, pero no perdía de vista el futuro.

En 1909, Tafari regresó a la capital tras enterarse de que Menelik había sufrido un ataque masivo. Esta apoplejía fue más grave que la anterior, y todos tenían claro que Menelik, aunque viviera unos años más, no volvería a ser el mismo. El movimiento e incluso la capacidad de hablar se convirtieron en un reto para él.

Tafari sabía que era candidato al trono, por lo que regresó inmediatamente a Addis Abeba para ver qué le deparaba el destino. Como Menelik había quedado muy incapacitado, la emperatriz Taitu gobernaba en su lugar. Pronto se sabría que Menelik había elegido a su nieto, Lij Iyasu, para sustituirlo. A pesar de que esta era una de las últimas voluntades de su enfermo marido, la testaruda Taitu se opuso casi inmediatamente a ellas.

Tanto ella como la hija de Menelik de un matrimonio anterior, la princesa Zauditu, comenzaron a conspirar contra la decisión. Por mucho que Menelik quisiera a su nieto, no veían al libre Iyasu como un buen candidato para liderar Etiopía. Debido a esta confabulación y a otras diferencias políticas, varias facciones comenzaron a levantarse contra la emperatriz Taitu. Rodeada repentinamente por un campo hostil de ministros, Taitu se vio obligada a retirarse en la primavera de 1910.

Tafari intentó fingir que no le interesaba tomar partido. Su neutralidad fue recompensada con la devolución de su predestinado papel de ras de Harar. En ese momento, el joven Ras Tafari salió de escena y regresó a Harar, mientras la corte imperial de Addis Abeba seguía disputando.

En lo que respecta a Harar, sus habitantes se alegraron mucho del regreso de su hijo predilecto. El padre de Ras Tafari, Ras Makonnen, era muy popular entre los habitantes de Harar. Era conocido como un líder fuerte pero justo que trataba a todos los habitantes de la región con respeto. El hermanastro de Ras Tafari, que lo había sustituido temporalmente tras el fallecimiento de su padre, era visto como un tirano abusivo que cobraba demasiados impuestos a la población hasta el punto de empobrecerla. El regreso de Tafari fue visto como un soplo de aire fresco. Y en su mayor parte, Ras Tafari hizo honor al nombre de su padre, demostrando ser un gobernador de Harar capaz y justo.

Ras Tafari fue, en efecto, un gobernante sabio. En 1911, demostró aún más su pragmatismo al tomar la fatídica decisión de casarse con la princesa Menen Asfaw, que en realidad era sobrina de Iyasu. El futuro sucesor de Menelik estaba todavía lejos de ser seguro en ese momento, pero Ras Tafari conocía el valor de los matrimonios políticos. Buscaba acercar su fortuna al centro del poder en Addis Abeba. Aunque su matrimonio fue, en muchos sentidos, de conveniencia, se ha dicho que Ras Tafari amaba a su esposa. Durante su largo matrimonio, tendría seis hijos con ella.

El emperador Menelik II finalmente sucumbió a su mala salud, falleciendo el 12 de diciembre de 1913. Esto convirtió a Lij Iyasu en el gobernante de facto de Etiopía, aunque no había sido coronado oficialmente. Casi inmediatamente, se produjo una reacción contra Iyasu. La antigua facción liderada por la emperatriz Taitu no tardó en resurgir y comenzó a conspirar para evitar la coronación del futuro emperador.

Una fotografía de Lij Iyasu
https://en.wikipedia.org/wiki/File:Yasu_V.jpg

Iyasu no era visto como un candidato serio, y también había rumores de que Iyasu era un adepto al islam. Etiopía era un reino cristiano; sus antecedentes cristianos se remontaban a casi dos mil años atrás. Por tanto, estas cosas no se veían con buenos ojos. También nombró a un musulmán en su gabinete, lo que no estaba bien visto. Teniendo en cuenta la mentalidad de los etíopes de entonces, no es de extrañar que la decisión de Iyasu de nombrar a un musulmán abiertamente practicante, un hombre llamado Hasib Ydlibi, de Harar, como uno de sus principales ministros de gobierno, causara un gran revuelo en Etiopía.

Etiopía llevaba siglos librando guerras contra las amenazas externas de las naciones islámicas vecinas y tenía un miedo muy arraigado a que el islam arraigara de algún modo y se impusiera desde dentro. Por muy irracional que parezca, muchos temían que se colocaran administradores islámicos en los puestos más altos del gobierno. La noticia del nombramiento de Ydlibi alarmó profundamente a Ras Tafari, que se vio afectado de inmediato, ya que gran parte de sus esfuerzos por mejorar la fiscalidad en Harar se vieron marginados por las repentinas reformas que llegaban desde arriba.

A Ras Tafari le esperaban más cambios. En 1916, Iyasu le ordenó que se trasladara de Harar; fue enviado a servir como ras de Kaffa. El desarraigo total fue muy molesto para Ras Tafari. Él y su familia tenían profundas raíces en Harar, y no deseaba ser trasladado. Fue entonces cuando Tafari decidió trabajar activamente para socavar a Iyasu. Todavía no estaba preparado para oponerse a él directamente, pero empezó a trabajar discretamente entre bastidores, atrayendo a otros compañeros descontentos a su lado mientras contenían la respiración y esperaban una oportunidad para atacar.

Iyasu causó aún más preocupación durante el estallido de la Primera Guerra Mundial, ya que deseaba ponerse del lado de las Potencias Centrales. Las Potencias Centrales eran Alemania, Austria-Hungría y el Imperio otomano, y se enfrentaban a los Aliados, que eran Gran Bretaña, Francia, Rusia y, posteriormente, Estados Unidos. El aspecto más irritante de todo esto para los etíopes era la idea de que Etiopía apoyara a los turcos otomanos, a quienes la mayoría seguía viendo como su enemigo ancestral.

No está del todo claro el grado de compromiso del joven Iyasu en su apoyo, pero los aliados se dieron cuenta de las habladurías y las tomaron lo suficientemente en serio como para imponer un embargo de armas a Etiopía. Los aliados redactaron entonces una carta oficial de protesta el 12 de septiembre de 1916 y la enviaron directamente al Ministerio de Asuntos Exteriores de Etiopía, exigiendo saber cuáles eran las intenciones de Iyasu.

Iyasu no solo estaba causando problemas en su país, sino que también estaba provocando problemas en el extranjero con consecuencias potencialmente catastróficas. La situación se había vuelto intolerable para la oposición de Iyasu, y decidieron que era hora de actuar. Uno a uno, casi toda la nobleza se volvió contra Iyasu. En una conferencia celebrada el 27 de septiembre de 1916, se acusó a Iyasu de «apostasía». (Apostasía es un término un poco anticuado actualmente, pero en su día, el término se utilizaba para describir a alguien que se había alejado de su fe. En este caso, se acusaba a Iyasu de abandonar la religión tradicional etíope del cristianismo en favor del islam).

Debido a las acusaciones formuladas contra él, Iyasu perdió por completo cualquier control real sobre sus subordinados y fue rápidamente excomulgado de la Iglesia ortodoxa etíope y obligado a renunciar a cualquier reclamación de la corona etíope. El breve reinado de Iyasu había terminado. Los ministros etíopes se volvieron entonces hacia la hija de Menelik, Zauditu, y decidieron hacerla emperatriz.

Sin embargo, entendieron que esta medida sería otro interludio hasta que se pudiera poner un candidato más permanente como emperador. Tras algunas discusiones, se determinó que Ras Tafari, el hijo del amigo de confianza de Menelik, Ras Makonnen, sería la mejor opción. Iyasu estaba fuera de la capital cuando todo esto ocurrió, pero en cuanto se enteró, volvió a Addis Abeba.

Llegó demasiado tarde para detener lo que ya se había puesto en marcha. Cuando él y su séquito llegaron a la mitad del camino, entre las ciudades de Dire Dawa y Addis Abeba, fueron interceptados por unos quince mil soldados que estaban dispuestos a llevarse al antiguo heredero de Etiopía. Iyasu sabía que no podía ganar por la fuerza, así que dio media vuelta y se marchó a la remota región de Afar. Se escondería de sus enemigos durante los siguientes años hasta que finalmente fue capturado en 1921.

Su padre, Mikael Ali, que gobernaba Wollo y tenía una importante milicia propia, no iba a aceptar la deposición de su hijo. Reunió a unos ochenta mil soldados leales. El 17 de octubre de 1916, los envió a Addis Abeba en un intento de recuperar el trono para su hijo por la fuerza. Este contingente armado solo llegó a 80 millas de la capital antes de enfrentarse a una hueste de tropas federales del gobierno central de unos 120.000 hombres. A juzgar por los números, estos últimos deberían haber derrotado a los primeros. Pero no fue así.

Por alguna razón, los soldados de Mikael parecieron luchar con más fuerza y, tras una sangrienta lucha, lograron imponerse. Sabiendo que la batalla estaba perdida, el ministro de guerra Fitawari Habte Giyorgis Dinagde decidió que lo mejor que podía hacer era ganar tiempo hasta que llegaran los refuerzos. Lo hizo fingiendo sumisión a Mikael. Según el erudito etíope Bahru Zewde, envió varios «mensajes conciliadores», que hicieron creer a Mikael que la guerra ya estaba ganada.

Mikael estaba listo para consolidar sus ganancias cuando, días después, una fuerza aún mayor del gobierno irrumpió en su campamento. Este grupo consiguió rodear a todo el ejército de Mikael e infligió una derrota decisiva en la que Mikael fue hecho prisionero. Con la derrota de Mikael, se acabó cualquier esperanza real de que el príncipe fugitivo Iyasu retomara el trono.

Zauditu fue coronada como emperatriz el 11 de febrero de 1917. Desde el principio, quedó claro que el heredero designado, Ras Tafari, sería el que tomaría las decisiones vitales, mientras que la emperatriz Zauditu servía en gran medida como jefe de estado simbólico. Aunque no se lo llamaba así, Ras Tafari, en muchos sentidos, actuaba como un primer ministro, manejando los asuntos más urgentes del estado. La emperatriz Zauditu se ocupaba sobre todo de las formalidades no vinculantes para la política, como recibir a otros jefes de Estado extranjeros y asistir a ceremonias especiales.

Dicho esto, sea cual sea la dirección que Tafari quiera dar a la política etíope, debía contar primero con la aprobación de la emperatriz Zauditu. Así que, aunque ella no participaba tanto en la elaboración de políticas, era su prerrogativa aprobarlas o no.

Una de las decisiones políticas más importantes que tomó Tafari en sus inicios fue la de solicitar el ingreso en la Sociedad de Naciones. Creada en 1919 tras la Primera Guerra Mundial, la Sociedad de Naciones era un organismo internacional precursor de lo que sería la ONU. Demostrando su visión de futuro, Tafari se dio cuenta de que Etiopía necesitaba más apoyo internacional y pensó que formar parte de un organismo internacional tan importante sería muy beneficioso para Etiopía.

Sin embargo, Tafari se encontró con fuertes vientos en contra al intentar hacerlo. En primer lugar, la Sociedad de Naciones rechazó la solicitud de Etiopía porque este país nunca había abolido totalmente la esclavitud. Sí, aunque gran parte del resto del mundo había abandonado hace tiempo la horrible idea de que se podía esclavizar a otro ser humano, en ciertas regiones de Etiopía se daban casos de esclavitud. Los etíopes más acomodados tenían «sirvientes» (en otras palabras, esclavos) de por vida bajo su control directo. La institución estaba tan arraigada en la cultura etíope que era difícil eliminar la práctica por completo.

La incapacidad del gobierno etíope para abolir completamente la esclavitud fue la principal razón por la que se le negó a Etiopía un puesto en la Sociedad de Naciones. La condena internacional llevó a Tafari a tomar medidas para iniciar el proceso de abolición. En 1918, emitió una proclama en la que se prohibía el comercio de esclavos. Esto no puso fin a la práctica por completo, pero impidió que se siguiera comerciando con esclavos.

Tafari era plenamente consciente de la ardua tarea a la que se enfrentaba para erradicar una práctica tan arraigada en la sociedad etíope, e intentó explicar su difícil posición a la comunidad internacional. Prometió a los interesados que estaba haciendo todo lo posible para educar a sus compatriotas sobre la necesidad de acabar con la esclavitud, pero que llevaría algún tiempo completar el proceso.

Tras muchas peticiones y promesas de abordar los derechos humanos, Etiopía fue finalmente admitida en la Sociedad de Naciones en 1923. Tafari esperaba que la seguridad colectiva de la Sociedad de Naciones protegiera a Etiopía de las amenazas extranjeras para poder centrarse en los problemas más acuciantes de su país. De hecho, estos eran los dos objetivos principales de Tafari: asegurar la paz en el exterior y la estabilidad en el interior. Y para Tafari, el hogar significaba principalmente Addis Abeba, la capital, donde se hicieron visibles la mayoría de sus reformas.

En esa época, Tafari contribuyó a la creación de una imprenta propia en Etiopía y, en 1923, de su propio periódico, *Berhanena Selam*, que se dirigía a una clase bastante nueva de etíopes: los habitantes de la ciudad. Tafari sabía lo importante que era la educación y creó muchas escuelas modernas para formar a la nueva generación de etíopes. En 1925, encargó la creación de la Escuela Tafari Makonnen, que se convirtió en un importante centro de aprendizaje para aquellos que deseaban entrar en la incipiente administración pública de Etiopía.

El año anterior, Tafari había emprendido una larga gira por el extranjero para dar a conocer la creciente importancia de Etiopía y obtener la opinión de sus colegas extranjeros sobre diversos modos de reforma. Uno de los momentos culminantes del viaje tuvo lugar el 14 de abril de 1924, cuando Tafari y su séquito visitaron Tierra Santa e hicieron una peregrinación a Jerusalén.

Tafari era bastante religioso, así que no es de extrañar que quisiera visitar los lugares sagrados de Jerusalén. Pero también había mucho simbolismo valioso para él como heredero. Jerusalén era una ciudad que muchos otros grandes emperadores etíopes habían visitado o se habían propuesto visitar. El emperador etíope Lalibela, por ejemplo, se inspiró tanto en Jerusalén que intentó construir su propia versión en el norte de Etiopía. El hecho de que Tafari pudiera ir a Jerusalén en persona fue un motivo de orgullo y gran estima. Durante su estancia, consiguió que el clero etíope pudiera utilizar el monasterio ortodoxo griego situado en el monte Gólgota, lo que sin duda constituyó una buena noticia para la Iglesia ortodoxa etíope.

Tafari y compañía llegaron a París, Francia, el 15 de mayo. Estaba ansioso por hablar con los funcionarios franceses sobre la posibilidad de que Etiopía obtuviera una salida al mar a través de uno de los puertos del mar Rojo controlados por Francia. Sin embargo, los franceses dejaron claro que no estaban interesados, por lo que las conversaciones no llegaron a ninguna parte.

Una de las paradas más interesantes que hicieron Tafari y su séquito fue en la patria de la antigua némesis de Etiopía, Italia. En la década de 1920, tanto Etiopía como Italia habían intentado arreglar las cosas y se respetaban superficialmente. En realidad, los italianos, a pesar de sus anteriores desplantes, dieron una buena muestra de afecto a la delegación etíope cuando se presentó en Roma aquel mes de junio. Tafari y sus asociados fueron agasajados con lujosos banquetes en su honor, y el nuevo primer ministro italiano, Benito Mussolini, fue todo sonrisas y cálidos apretones de manos para sus invitados.

Estas cosas son difíciles de entender, teniendo en cuenta que diez años más tarde, Mussolini lideraría una invasión italiana de Etiopía. Pero en 1924, los italianos —al menos superficialmente— parecían tan amistosos como era posible. El ambiente parecía propicio para que Tafari hablara con los italianos sobre su búsqueda de un puerto hacia el mar Rojo. Dado que los italianos controlaban Eritrea, que estaba al norte de Etiopía, se esperaba que se pudiera llegar a algún tipo de compromiso para obtener el acceso.

Mussolini tenía una sugerencia. Inmediatamente dirigió la atención de Tafari hacia el puerto de Asab en Eritrea. Mussolini llegó a un acuerdo que esencialmente permitiría a Etiopía controlar el puerto durante un total de noventa y nueve años, siempre que Italia obtuviera un estatus comercial favorable con Etiopía. Mientras Tafari y compañía consideraban todos los detalles de un acuerdo a largo plazo con Italia, es probable que les vinieran a la mente los recuerdos de la dudosa situación anterior de los acuerdos italianos. Finalmente, Tafari se vio obligado a renunciar al acuerdo propuesto.

A su regreso a Etiopía en septiembre, Tafari había aprendido mucho, pero estaba un poco decepcionado por no haber obtenido ningún beneficio político sólido de su estancia en el extranjero. Sin embargo, poco después, en marzo de 1925, recibiría una gran inyección de moral cuando los franceses, junto con otros miembros de la Sociedad de Naciones, acordaron levantar el embargo de armas impuesto a Etiopía. Esto permitió a Etiopía reforzar sus mermadas fuerzas armadas.

Cientos de ametralladoras y otras piezas de artillería comenzaron a llegar de países como Suiza e incluso Checoslovaquia. Tafari siempre fue consciente de la necesidad de Etiopía de contar con armas modernas para defenderse y se sintió muy animado por este resultado.

La pertenencia de Etiopía a la Sociedad de Naciones daría sus frutos cuando Italia intentó violar la integridad de Etiopía al tender una línea ferroviaria desde la Somalilandia italiana hasta la Eritrea italiana, que atravesaba parte de Etiopía. Italia no pidió permiso para hacerlo. Sí, a pesar de lo amistosos que habían sido Mussolini y sus secuaces, Etiopía recibió un recordatorio de lo tramposa que podía ser Italia. Al enterarse de que tales planes estaban en marcha, Tafari se dirigió directamente a la Sociedad de Naciones para exigir una explicación por esta flagrante violación. Tras hacerlo, los planes fueron inmediatamente anulados y se respetó la soberanía de Etiopía. Si Etiopía no hubiera sido miembro de la Sociedad de Naciones, no habría contado con canales diplomáticos suficientemente poderosos para hacer cumplir las normas internacionales.

Para Tafari, esta fue una gran victoria, ya que no tuvo que disparar ni una sola bala. En su mayor parte, la primera administración de Tafari fue bastante pacífica y armoniosa, pero en 1928 estalló un grave disturbio cuando la región etíope de Sidamo se sublevó. Hoy en día, Sidamo es conocida por el excelente café que allí se cultiva. En aquel entonces, al igual que ahora, el café era un importante cultivo comercial en la región. La disputa comenzó cuando Tafari descubrió que el administrador local, Balcha Safo, no proporcionaba cifras honestas respecto a las ganancias que se obtenían.

Así que, naturalmente, como haría cualquier figura de autoridad centralizada cuando se descubre que un administrador local se equivoca, Tafari pidió a Balcha Safo que acudiera a la capital para dar explicaciones. Safo obedeció la orden, pero se presentó en Addis Abeba con una gran milicia. Las tropas de este rey cafetero de Sidamo permanecieron en las afueras de la ciudad mientras Safo se dirigía al palacio imperial.

Por si su intimidante escolta no fuera suficiente advertencia, en cuanto Safo empezó a hablar con Tafari, este le dejó claro que no tenía intención de recibir más órdenes de él. Sin embargo, Tafari se mantuvo firme, y después de que Safo rechazara rotundamente su autoridad, rechazó a Safo, informándole de que sería destituido de su puesto. Safo partió entonces para reunirse con el campamento armado que había dejado atrás, con la intención de marchar hacia la capital. Pero se llevó una sorpresa.

Demostrando tanto una increíble previsión como una ágil capacidad para orquestar múltiples acontecimientos a la vez, Tafari ya había tomado medidas para contrarrestar a Safo. Mientras Safo hablaba con él, Tafari envió a sus tropas a amenazar, sobornar o dispersar de alguna manera a la milicia de Safo. Safo fue destituido, y sus medios de represalia también.

Tras esta victoria interna, Tafari fue declarado oficialmente «negus» o «rey» por la emperatriz Zauditu el 22 de septiembre de 1928. Para ser claros, aún no era emperador ni el «rey de reyes», pero estaba esencialmente a un paso del premio máximo.

Sin embargo, Tafari no tardó en ganarse un enemigo en forma de un poderoso gobernador regional llamado Ras Gugsa Wolie, que casualmente era el marido de Zauditu. Sí, la política dinástica etíope era realmente complicada, y aunque Zauditu había sido presionada para coronar a Tafari como rey, su propio marido estaba tan resentido por la supuesta disminución del poder de su esposa que se sublevó.

En 1929, Gugsa Wolie, a pesar de ser el marido separado de la emperatriz, fue declarado proscrito. Al parecer, Gugsa y Zauditu nunca estuvieron muy unidos. Prácticamente vivían vidas separadas. Aun así, a él le interesaba mucho que Zauditu conservara su poder. En todo caso, su permanencia en el trono aseguraba sus propios intereses y privilegios.

No obstante, Tafari envió las tropas en febrero de 1929. Al llegar a la fortaleza regional de Gugsa, la mera visión de las tropas de Tafari hizo que muchos de los soldados de Gugsa desertaran. Su llamada a las armas conduciría a la batalla de Anchem, que tuvo lugar el 31 de marzo de 1930.

Hay que decir que este enfrentamiento no fue tanto una batalla como una masacre. Por primera vez en la historia, el ejército etíope utilizó aviones y lanzó bombas incendiarias sobre la milicia de Gugsa. Los soldados en tierra, comprensiblemente, entraron en pánico y comenzaron a huir en todas direcciones. En lo que debió parecer tan absurdo como dramático, Gugsa fue visto de repente en el centro del campo encima de su semental blanco, completamente solo mientras sus tropas huían.

Gugsa se convirtió básicamente en una práctica de tiro mientras las tropas gubernamentales que se acercaban utilizaban sus ametralladoras para acribillarlo. Este horrible espectáculo no fue muy diferente de las atrocidades que los italianos cometerían más tarde contra las fuerzas armadas etíopes.

Lamentablemente, al día siguiente, el 1 de abril de 1930, la emperatriz Zauditu falleció a causa de un ataque de fiebre paratifoidea. Se dice que estaba postrada en la cama cuando tuvo lugar la batalla de Anchem, y no está claro si alguna vez se enteró de lo que le ocurrió a su distanciado marido.

Sin embargo, como un reloj, el tiempo avanza inexorablemente. Se produjo una serie de acontecimientos muy rápidos. El 31 de marzo, Ras Gugsa fue asesinado. El 1 de abril, la emperatriz Zauditu murió. Y luego, el 2 de abril, Tafari fue finalmente coronado emperador, tomando el título imperial de Haile Selassie.

Una fotografía de Haile Selassie
https://en.wikipedia.org/wiki/File:Haile_Selassie_in_full_dress_(cropped).jpg

Capítulo 8 - El último emperador de Etiopía: Haile Selassie

«No me adoren, no soy Dios. Solo soy un hombre. Yo adoro a Jesucristo».

—*Haile Selassie*

Haile Selassie no perdió tiempo en consolidar su poder imperial una vez que se convirtió en emperador. Hizo redactar una nueva constitución nacional para Etiopía en 1931, que consagraba su autoridad absoluta para hacer nombramientos ministeriales, exigir justicia, apropiarse de tierras y declarar la guerra. Esto último pronto entraría en juego. El 5 de diciembre de 1934, un incidente entre soldados etíopes e italianos desencadenó un conflicto.

En esa fecha, cerca de la Somalilandia italiana, un grupo de etíopes e italianos se enzarzaron en una escaramuza fronteriza. Los etíopes se llevaron la peor parte. Pero aun así, el gobierno italiano buscó cualquier motivo para exigir a Etiopía y responsabilizó totalmente a los etíopes. Los italianos insistieron inmediatamente en que se les indemnizara por la pérdida de vidas. Selassie, como acostumbraba a hacer, llevó inmediatamente la disputa a la Sociedad de Naciones.

Mientras tanto, Italia hacía planes para lanzar una guerra contra Etiopía. Estos planes se harían realidad el 3 de octubre de 1935, cuando las fuerzas italianas cruzaron el río Mareb, que bordeaba la Eritrea italiana, y se adentraron en territorio etíope. Como muestra de la amargura que guardaba la memoria colectiva de Italia, una de las primeras ciudades que tomaron las tropas italianas fue nada menos que Adua, el lugar de su anterior derrota. Aquí, el 6 de octubre, se encontraron con las fuerzas locales de Ras Seyoum Mengesha.

Pronto quedó claro que la milicia del ras no estaba preparada para resistir el asalto italiano. Especialmente no estaban preparados para el bombardeo aéreo. Después de un par de días de soportar este ataque, el Ras Seyoum ordenó a sus tropas que abandonaran la ciudad. Al darse cuenta de que la resistencia era inútil, los habitantes de la cercana Mekelle no solo se rindieron, sino que decidieron unir sus fuerzas a las de los italianos.

Los italianos ya tenían muchos etíopes mezclados con sus propias tropas debido a los reclutas sacados de su colonia en Eritrea, y los desertores posteriores vendrían a aumentar el número de etíopes nativos en las fuerzas armadas italianas.

Pero aunque los italianos del norte de Etiopía lo tenían fácil, las tropas italianas que habían cruzado desde la Somalilandia italiana a Etiopía lo tenían mucho más difícil. Aquí, las fuerzas etíopes se adaptaron bastante bien al bombardeo aéreo al que estaban sometidas cavando trincheras estratégicas. En cuanto se oía el zumbido de un avión en lo alto, las tropas podían agacharse en las trincheras y evitar ser alcanzadas por la explosión. Sus armas eran suficientes para asestar duros golpes a las tropas italianas en tierra.

Sin embargo, después de que su valiente comandante Gerazmach Afework fuera abatido el 5 de noviembre, tanto la moral como la cohesión de las tropas se perdieron. Los italianos, dirigidos por el famoso general italiano Rodolfo Graziani, lograron superar a los defensores etíopes. Ese mismo mes, la Sociedad de Naciones finalmente sancionó a Italia, pero fue demasiado poco y demasiado tarde.

Mientras tanto, Haile Selassie sabía que tenía que jugar su mano con cuidado por varias razones. Intencionadamente, le dijo a su cuerpo principal de tropas que se retirara. Sabía que, al retirarse estratégicamente, los italianos se verían obligados a ampliar sus líneas de suministro, lo que los haría más vulnerables. Haile Selassie sabía que los italianos los superaban en armamento y tenían mejor equipo y armamento. Por ello, sabía que tenía que utilizar sus recursos con el mayor cuidado posible y esperar el momento adecuado para atacar.

Los italianos apenas encontraron resistencia, por lo que debieron considerar la invasión como un paseo. Consolidaron sus ganancias, que incluían Adua, Adigrat, Enticho e incluso la antigua fortaleza de Tewodros, Magdala. La gran contraofensiva etíope llegó finalmente en enero de 1936. El ejército etíope se dividió en tres grandes grupos de combate. Se enfrentaron a las fuerzas armadas italianas en lo que se conocería como la batalla de Tembein.

Las tropas etíopes lucharon con ahínco, destrozando las posesiones italianas por todos lados. Al principio, parecía que los italianos tendrían que retirarse, pero perseveraron lo suficiente como para recibir el relevo de la aviación italiana. Los aviones italianos alteraron el curso de la batalla lanzando gas venenoso sobre las tropas etíopes. Pronto, el gas mostaza hizo estragos en las filas etíopes, sin que pudieran defenderse adecuadamente de él. Incluso en aquella época, estas tácticas estaban prohibidas y se consideraban una violación de las normas internacionales de la guerra. Como tal, estas acciones eran claramente crímenes de guerra.

Después de que el principal ejército etíope fuera rechazado en la batalla de Tembein, los italianos mantendrían la iniciativa durante el resto de la guerra, consiguiendo una serie de victorias. En la batalla de Amba Aradam, la segunda batalla de Tembein y la batalla de la Comarca, los italianos salieron victoriosos. La situación era desesperada, y el maltrecho ejército etíope estaba en las últimas cuando, el 31 de marzo de 1936, Haile Selassie tomó la fatídica decisión de dirigir los últimos restos de sus tropas en lo que sería la batalla de Maychew.

Los etíopes lucharon ferozmente contra los italianos y consiguieron detener la invasión italiana, pero fue un esfuerzo de última hora. El 3 de abril, el grueso de las fuerzas italianas se concentró en este grupo asediado y obligó a los restos del ejército de Haile Selassie a retirarse. Haile Selassie apenas escapó con vida.

Sin embargo, regresó a Addis Abeba el 30 de abril y se reunió con su consejo para determinar qué podía hacerse. Fue entonces cuando se decidió que, aunque era probable que Etiopía perdiera esta etapa de la guerra contra los italianos, Haile Selassie debía escapar. Sabían que, aunque los italianos ocuparan Etiopía, mientras Haile Selassie viviera, mantendría la llama del verdadero gobierno etíope. Y Selassie mantendría viva la esperanza del pueblo de que la independencia de Etiopía podría reavivarse de algún modo.

El 3 de mayo, el emperador Haile Selassie y su familia inmediata llegaron en tren a Yibuti, y al día siguiente, se encontraba a bordo de una embarcación naval británica. En ese momento, Addis Abeba ya había caído en manos de los italianos. El general italiano Pietro Badoglio proclamó oficialmente que Etiopía formaba parte de lo que llamaba «África Oriental Italiana». Haile Selassie era el único que quedaba para continuar la lucha, y si no podía hacerlo en el campo de batalla, lo haría en los salones de las potencias extranjeras.

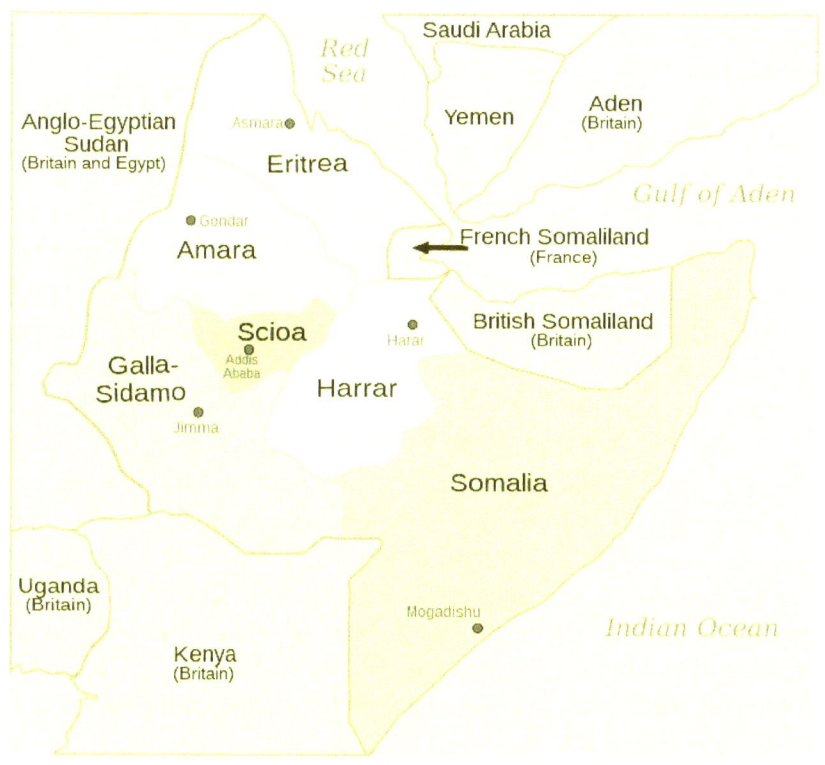

Un mapa del África Oriental Italiana

Obra derivada: Themightyquill (talk)Mapa del África Oriental Italiana.jpg: Gobierno de Italia, Cuerno de África y suroeste de Arabia, mediados de la década de 1930.jpg: Harriett R. Blood y Greenhorne y O'Mara prepararon los mapas, que fueron redactados por Tim Merrill y revisados por David P. Cabitto (Biblioteca del Congreso), CC BY-SA 3.0 <https://creativecommons.org/licenses/by-sa/3.0>, vía Wikimedia Commons; https://commons.wikimedia.org/wiki/File:Italian_East_Africa_(1938%E2%80%931941).svg

Selassie acabó desembarcando en Ginebra (Suiza), sede de la Sociedad de Naciones. Una vez allí, habló ante una multitud de delegados, informándolos directamente de la flagrante agresión y las francas atrocidades que los italianos habían estado cometiendo en Etiopía. A pesar de algunos comentarios groseros de los italianos presentes, Haile Selassie pronunció un discurso claro, detallado y elocuente, exigiendo a la Sociedad de Naciones que cumpliera con su carta e impidiera la agresión canalla que estaban llevando a cabo las fuerzas armadas italianas.

El discurso fue un momento de reflexión para el mundo. Una vez que estalló la Segunda Guerra Mundial, el mundo vería a los italianos desbocados en África y el Mediterráneo, a los japoneses devastando Asia Oriental y a los alemanes arrasando Europa. Las palabras de Haile Selassie adquirirían entonces un significado aún más ominoso. Tras abandonar Ginebra (Suiza), Haile Selassie buscó refugio en Inglaterra, fijando su residencia en la ciudad de Bath. Allí permanecería durante los años siguientes, mientras sus compatriotas libraban una guerra de guerrillas contra las fuerzas italianas de ocupación y seguían esperando el día de su liberación.

La Segunda Guerra Mundial comenzaría con la invasión alemana de Polonia en 1939. A esto le siguió la conquista de Francia por parte de Alemania en 1940. La lealtad de Italia a Alemania finalmente llamó la atención del mundo sobre lo que Italia había estado haciendo en Etiopía.

Las tropas británicas en el cercano Sudán pronto se movilizaron para enfrentarse a los italianos en la vecina Etiopía. En enero de 1941, un ejército conjunto etíope/británico salió de Sudán y cargó contra las posiciones italianas. Los italianos, que contaban con una gran ventaja sobre los etíopes debido a las disparidades de equipamiento, no fueron rivales para los británicos, que tenían posiblemente incluso mejor armamento que los italianos.

Los italianos fueron diezmados, y la fuerza etíope/británica, con nada menos que Haile Selassie entre sus filas, no tardó en atravesar el ejército italiano y llegar hasta Addis Abeba. Los italianos en Etiopía habían sido derrotados. Sin embargo, el control de Selassie sobre la nación tardaría en reafirmarse por completo. Se le devolvió el poder con la advertencia de que las tropas británicas permanecerían en el lugar para salvaguardar el frágil proceso de reconstrucción.

Los británicos también insistieron en que tenían derecho a declarar el estado de emergencia en cualquier momento si lo consideraban necesario. Haile Selassie volvía a estar en el poder, pero con los británicos cerca, su autoridad absoluta aún no había sido restaurada. Hubo quienes, sin duda, debieron temer que Etiopía acabara de cambiar un colonizador por otro. Pero los británicos no tenían ningún interés en colonizar Etiopía, y en 1944, cuando los aliados tenían la Segunda Guerra Mundial casi ganada, Gran Bretaña firmó un acuerdo con Selassie para devolver a su estado las condiciones de antes de la guerra.

Sin embargo, los británicos frustraron a Selassie al mantener algunas de sus tropas en la región más oriental de Etiopía, conocida como Ogaden. Diez años más tarde, en 1954, Selassie resolvería finalmente este asunto con la ayuda de Estados Unidos. Los Estados Unidos estaba preocupado por la influencia rusa en Egipto y deseaba utilizar a Etiopía como contrapeso en la región. Esto llevó a la firma de un tratado entre Etiopía y Estados Unidos en 1953. Estados Unidos se convertiría en el principal financiador de las fuerzas armadas etíopes. Los estadounidenses también ayudaron a establecer la aviación civil en Etiopía, lo que dio lugar a la creación de Ethiopian Airlines.

El año 1955 fue un año importante para Selassie, ya que fue su Jubileo de Plata (su vigésimo quinto año de gobierno en Etiopía). Ese año presentó una constitución revisada que establecía el tipo de estructura gubernamental que Selassie consideraba más viable para una Etiopía modernizada. Se trataba de una monarquía constitucional.

Selassie deseaba que un gobierno más centralizado echara raíces en Addis Abeba y luego se extendiera a todas las regiones. También deseaba implantar una mayor igualdad entre los ciudadanos, con educación, empleo y acceso a las urnas para todos los etíopes. Las urnas, por supuesto, se aplicaban a todos los cargos inferiores a la monarquía, ya que nadie votaría por quién sería el emperador.

El largo reinado de Selassie duraría casi veinte años más. Solo llegó a su fin cuando los agitadores de influencia comunista conocidos como el Derg y un cierto coronel de bajo rango llamado Mengistu derrocaron al gobierno etíope, desplazando del poder al longevo y último emperador etíope Haile Selassie.

Haile Selassie, uno de los líderes más conocidos de Etiopía
https://en.wikipedia.org/wiki/File:Addis_Ababa-8e00855u.jpg

Capítulo 9 - Entra Mengistu: Etiopía se vuelve comunista

«En adelante nos enfrentaremos a los enemigos que nos salgan al paso y no nos dejaremos apuñalar por la espalda por los enemigos internos. Para ello, armaremos a los aliados y camaradas de las amplias masas sin dar tregua a los reaccionarios, y vengaremos doble y triplemente la sangre de nuestros camaradas».

—*Mengistu Haile Mariam*

Resulta irónico observar que el movimiento para derrocar a Haile Selassie tenía sus raíces en los movimientos estudiantiles. Era irónico porque Haile Selassie era un campeón de la educación. Selassie quería reformar y modernizar su país, y naturalmente consideraba que un sistema educativo sólido era un medio para crear una clase de etíopes altamente cualificados y sofisticados.

Sin embargo, los salones sagrados de las universidades etíopes se convertirían en el depósito de un discurso radical, como una revolución marxista. Y sería en los salones de la academia donde se debatiría enérgicamente el comunismo. Estas discusiones salieron de las aulas cuando los activistas empezaron a cuestionar abiertamente e incluso a desafiar las políticas del gobierno.

Según el académico etíope Bahru Zewde, estas ideas consiguieron llegar a un público más amplio en Etiopía a mediados de la década de 1960 con la creación del EUS (Servicio

Universitario Etíope por sus siglas en inglés), un programa especial que hacía que los estudiantes universitarios pasaran una temporada en las regiones más rurales y remotas de Etiopía, donde ejercían de profesores y dirigían diversos talleres. Curiosamente, tras la revolución comunista de Etiopía, el régimen de Mengistu patrocinó un programa muy similar. Sin embargo, los comunistas etíopes lo hicieron con la intención expresa de difundir la ideología comunista, mientras que el emperador Haile Selassie contribuyó a este esfuerzo totalmente por accidente.

Todos estos acontecimientos son asombrosamente similares a lo que ocurrió en Rusia en la década de 1870 bajo el zar Alejandro II. Para ser claros, Rusia no tendría una revolución marxista hasta 1917 bajo el nieto del zar Alejandro II, Nicolás, pero los acontecimientos que ocurrieron en la Rusia precomunista son asombrosamente similares a lo que ocurrió en Etiopía en las décadas de 1960 y 1970.

Por ejemplo, el zar Alejandro II, al igual que Haile Selassie, se encontraba en la contradictoria posición de ser un monarca absoluto que quería reformar y modernizar Rusia mediante reformas educativas. En Rusia, al igual que en Etiopía, las universidades se convirtieron en los centros de la intelectualidad revolucionaria. Y también como en Etiopía, los revolucionarios universitarios basados en la ciudad consiguieron conectar con los campesinos rurales a través de programas de enseñanza en el extranjero. Aunque la marcha de Rusia hacia el marxismo llevaría más tiempo, el zar Alejandro II acabaría siendo asesinado por los mismos revolucionarios que sus esfuerzos de reforma ayudaron a conseguir.

En cualquier caso, en lo que respecta a Etiopía, a principios de la década de 1970, no todo iba bien en el reino. La guerra hacía estragos en Eritrea, sobre la que Etiopía intentaba reafirmar su dominio desde el final de la Segunda Guerra Mundial. Etiopía también se enfrentaba a una recesión económica, a un episodio de hambruna en 1972 y a los elevados precios del gas debido a los conflictos en Oriente Medio.

Estas dificultades se fusionaron con la ideología radical. Los estudiantes salieron a la calle, y esta vez estuvieron acompañados por ciudadanos de toda condición. A Haile Selassie lo tomó desprevenido y reaccionó inicialmente a las protestas reprimiéndolas. Acorraló a los manifestantes y los hizo encarcelar. Pero en ese momento, había tantos en las calles que las detenciones tuvieron muy poco efecto.

Las cosas llegaron a un punto crítico en 1974, cuando los estudiantes que protestaban se unieron a los taxistas que se pusieron en huelga en Addis Abeba. Los universitarios empeoraron la situación bloqueando el tráfico. Selassie se dio cuenta de que detener a los manifestantes no resolvería el problema, así que decidió destituir a su gobierno. El 28 de febrero de 1974, hizo que su primer ministro, Aklilu Habte-Wold, destituyera a todo el gabinete para que pudieran nombrar a todos los nuevos miembros.

Pero a los revolucionarios de la calle no les importaba que Selassie nombrara nuevos miembros en su gabinete. Lo que realmente querían era una forma de gobierno totalmente nueva. De hecho, los agitadores desarrollaron su propio eslogan popular para burlarse de estos esfuerzos declarando: «¡Cambiar la estufa no mejora el guiso!» En sus mentes, Haile Selassie, que tenía más de ochenta años, era esa vieja estufa, que cocinaba el mismo guiso de siempre. Estos revolucionarios no estarían contentos hasta que la estufa, el emperador Haile Selassie, fuera retirada del poder.

Un grupo de oficiales subalternos del ejército etíope formó un consejo para lidiar con las protestas y los disturbios en curso, al que llamaron el Derg. Sin embargo, en lugar de aliviar los problemas de Selassie, este oscuro grupo pronto se volvió contra él. Muchos de los detalles de lo que ocurrió entre bastidores siguen sin estar claros, pero los representantes del Derg se hicieron públicos el 12 de septiembre de 1974 para anunciar que Haile Selassie había sido detenido.

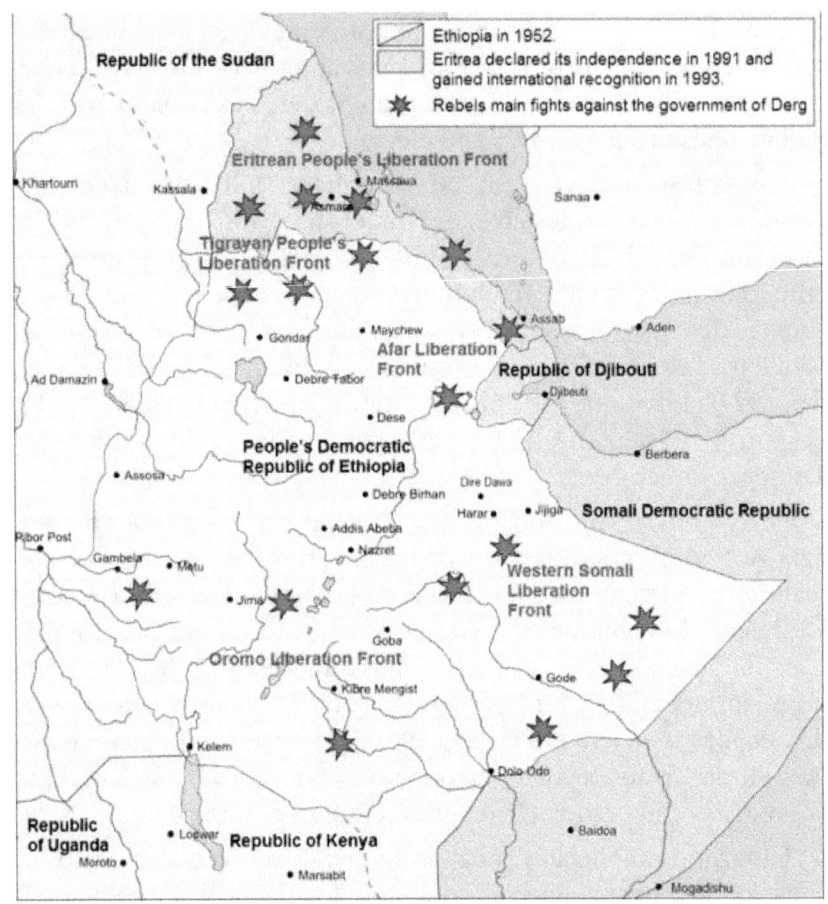

Mapa de la guerra civil etíope, que duró de 1974 a 1991
Skilla1st, CC BY-SA 4.0 <https://creativecommons.org/licenses/by-sa/4.0>, vía Wikimedia Commons; https://commons.wikimedia.org/wiki/File:Ethiopian_Civil_War.png

Aquel diciembre, el Derg saltó a los titulares internacionales al revelar que Haile Selassie tenía considerables sumas de dinero en una cuenta bancaria suiza. El Derg sugirió que la cantidad era de miles de millones, mientras que los representantes suizos lo refutaron, afirmando que solo eran cien millones. En cualquier caso, se trataba de una cantidad considerable, lo suficientemente grande como para enfadar a la opinión pública etíope. Para ellos, era escandaloso que el emperador tuviera semejante riqueza cuando el ciudadano medio no podía poner gasolina en su coche y posiblemente ni siquiera tenía comida suficiente para sobrevivir.

Mengistu y sus secuaces exigieron que se les entregara el dinero para poder utilizarlo en la ayuda a la hambruna. La Asociación de Banqueros Suizos se negó, declarando: «Debemos tener la seguridad de que el acuerdo para hacer la transferencia desde la cuenta del emperador no se obtuvo bajo coacción».

Sin embargo, el impulso constante del Derg hacia el comunismo continuó. En enero de 1975 se anunció el reparto de tierras y la nacionalización de todas las instituciones financieras.

Estados Unidos, por su parte, observó con ansiedad estos acontecimientos, temiendo que Etiopía estuviera a punto de caer en el bloque comunista. Estos temores aumentaron en marzo de 1975, cuando los representantes del Derg proclamaron que la monarquía había sido abolida. Para entonces, un coronel subalterno llamado Mengistu Haile Mariam pasó a desempeñar un papel más destacado en el grupo, convirtiéndose en vicepresidente.

Poco después, el emperador Haile Selassie murió mientras estaba bajo la custodia del Derg. Hastala fecha, no se sabe mucho sobre los últimos días de Haile Selassie. Sin embargo, hace tiempo corre el rumor de que el propio Mengistu estranguló al emperador y lo mató. Mengistu, que sigue vivo en el momento de escribir este artículo, ha negado haberlo hecho.

En cualquier caso, el coronel Mengistu comenzó a ascender en las filas del consejo revolucionario y, en la primavera de 1977, ya tenía el control. Ese año comenzó el fatídico Terror Rojo. Los etíopes recuerdan que la inauguración del régimen comunista comenzó en este momento, ya que fue durante esta época cuando se incautaron agresivamente las tierras, oprimiendo y maltratando a los ciudadanos de forma rutinaria. Durante este reinado del terror, se estima que al menos 500.000 etíopes fueron asesinados, y muchos más fueron encerrados en prisiones por todo el país.

Sí, como suele ocurrir con los ideólogos radicales, estos revolucionarios que condenaron rotundamente al emperador Haile Selassie por ser opresor, rápidamente comenzaron a infligir su propia versión de la opresión, como nunca antes había visto el etíope medio. Habían prometido una utopía en Etiopía, pero solo trajeron terror al pueblo.

Capítulo 10 - La caída del comunismo y el surgimiento de la Etiopía moderna

«Muchos etíopes ven el ayer. Yo veo el mañana».
—Abiy Ahmed

Nada más comenzar el régimen comunista en Etiopía, hubo quienes se resistieron a él y desearon su desaparición. Una parte de la resistencia procedía de quienes estaban en contra de la ideología marxista, pero, sorprendentemente, el Derg fue resistido enérgicamente por otros grupos marxistas, sobre todo el Frente de Liberación del Pueblo de Tigray (TPLF), que abrazaba creencias marxistas. El partido se fundó en 1977, y desde el principio se opuso al Derg controlado por Mengistu.

El TPLF sería una espina aún más molesta para Mengistu, ya que uniría fuerzas con otro grupo de oposición con base en Eritrea, el EPLF o Frente de Liberación del Pueblo Eritreo. Si el nombre de «frente de liberación del pueblo», que es un sello distintivo de los frentes marxistas de base en todo el mundo, no lo delata, un rápido vistazo a las plataformas originales de estos dos grupos demuestra claramente que eran marxistas hasta la médula.

Sin embargo, se opusieron al régimen comunista que echó raíces en Addis Abeba. El EPLF, en particular, era esencialmente un grupo nacionalista que pretendía separarse de Etiopía. Desde que Eritrea fue devuelta a Etiopía después de la Segunda Guerra Mundial, los eritreos habían intentado separarse incesantemente. El emperador Haile Selassie sofocaba constantemente las insurrecciones, al igual que Mengistu. Dejando a un lado todas las inclinaciones comunistas, el EPLF era una variante más de los insurgentes que luchaban por la independencia de Eritrea.

Una visión general de cómo eran los territorios durante la guerra de independencia de Eritrea

Skilla1st, CC BY-SA 4.0 <https://creativecommons.org/licenses/by-sa/4.0>, vía Wikimedia Commons; https://commons.wikimedia.org/wiki/File:Eritrean_Independence_War_Map.png

El TPLF de Tigray, fronterizo con Eritrea, encontró una causa común con el EPLF, y comenzaron a colaborar estrechamente. El TPLF causó problemas al régimen del Derg al obstaculizar regularmente los viajes por las carreteras que atravesaban Tigray hacia Eritrea. El EPLF también tomó la iniciativa al obtener el control de facto de gran parte de la parte oriental de Eritrea. Esto obligó al Derg a tomar medidas militares. Estos acontecimientos fueron vistos con gran consternación por muchos, ya que el Derg había prometido poner fin a los combates en Eritrea. Sin embargo, el atolladero continuó.

A pesar de todas las promesas de un paraíso marxista, esencialmente nada había cambiado para mejor, y muchos aspectos de la vida eran en realidad mucho peores. La hambruna incluso volvió a ser peor que antes a principios de la década de 1980. Aunque Etiopía había perdido el apoyo oficial y el respaldo de Estados Unidos tras convertirse en comunista, muchas organizaciones no gubernamentales se dieron cuenta y se hicieron esfuerzos de caridad.

Vista del escenario del Live Aid en Filadelfia, Pensilvania
Squelle, CC BY-SA 3.0 <https://creativecommons.org/licenses/by-sa/3.0>, vía Wikimedia Commons;
https://commons.wikimedia.org/wiki/File:Live_Aid_at_JFK_Stadium,_Philadelphia,_PA.jpg

En 1985 se celebró un gran concierto benéfico llamado Live Aid, en el que músicos superestrellas y celebridades actuaron ante grandes multitudes para recaudar dinero para los etíopes que sufrían la terrible hambruna. Lamentablemente, no está claro en qué medida estos esfuerzos ayudaron, ya que la mayor parte de la recaudación fue probablemente embolsada por el régimen del Derg, que la utilizó para financiar operaciones militares contra el

TPLF y el EPLF en el norte de Etiopía. Los músicos superestrellas, como Bruce Springsteen y Michael Jackson, sin duda tenían buenas intenciones y no se los puede culpar por intentarlo. Pero por mucho que la gente se emocionara con todas esas sentidas interpretaciones de «We are the world», los gobiernos de todo el mundo tenían buenas razones para no tratar con el régimen de Mengistu. Sabían que cualquier fondo que se entregara acabaría sin duda en los bolsillos de Mengistu Haile Mariam.

Además de tener que luchar contra los insurgentes en el norte de Etiopía, el régimen de Mengistu tuvo que enfrentarse a las tropas somalíes en la región oriental etíope de Ogaden. El conflicto estalló por primera vez entre los dos países en 1977, y su inicio dejó totalmente perplejos a los defensores soviéticos de Etiopía y Somalia.

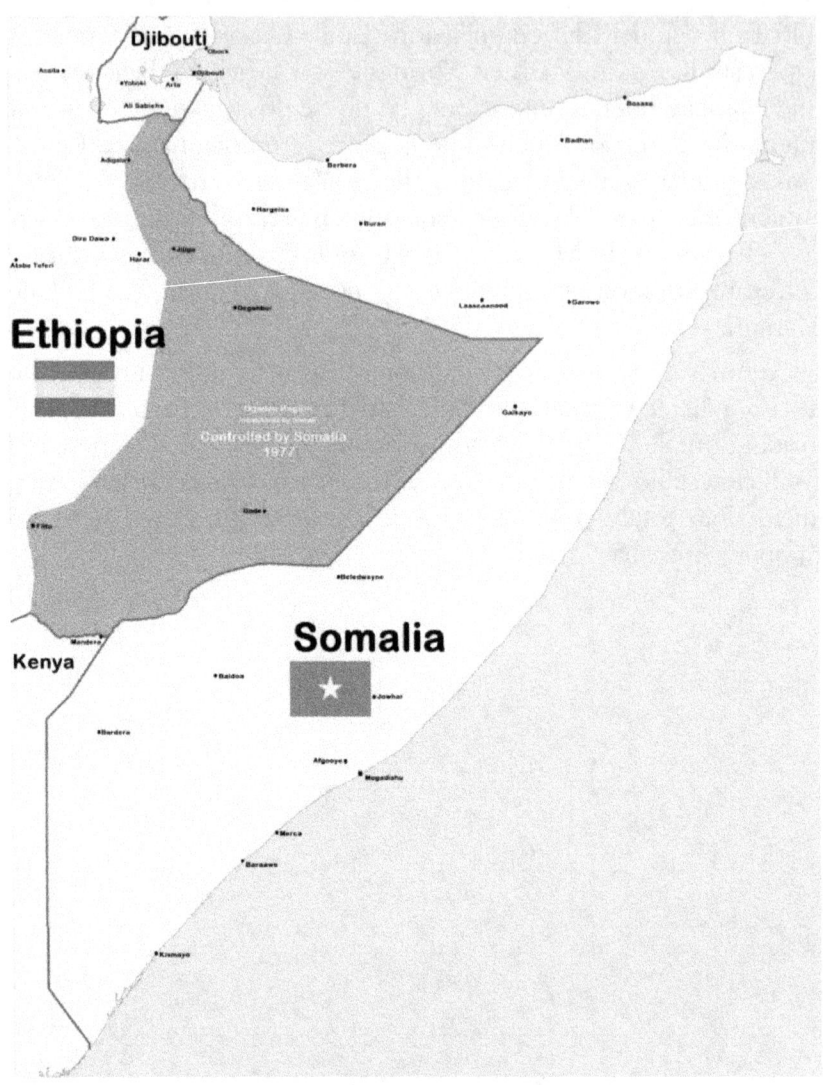

Territorio etíope ocupado por Somalia, 1977
Skilla1st, CC BY-SA 3.0 <https://creativecommons.org/licenses/by-sa/3.0>, vía Wikimedia Commons; https://commons.wikimedia.org/wiki/File:Ethio-Somali_War_Map_1977.png

En esta época, tanto Etiopía como Somalia estaban en el campo comunista y contaban con el apoyo de la Unión Soviética. Los soviéticos se sorprendieron de que dos naciones comunistas lucharan entre sí, pero no fue más chocante que el régimen comunista etíope de Addis Abeba luchando contra las guerrillas comunistas del TPLF y el EPLF en el norte. La guerra de Ogaden con Somalia terminó con una victoria etíope en 1978, pero la crisis del norte seguiría pesando sobre el régimen del Derg.

A principios de 1982, Mengistu dirigió una gran campaña militar en el norte de Etiopía en un intento de erradicar a estos insurgentes. Pero a finales de año, el EPLF se había unido y comenzó a hacer retroceder a las tropas del gobierno, lo que provocó una gran pérdida de vidas. Al final, esta derrota dejó al régimen de Mengistu con más de diez mil soldados muertos y sin nada que mostrar. Sin embargo, esto palidecería en comparación con los muertos de la hambruna que estalló en el otoño de 1983.

La hambruna fue provocada en gran medida por la fallida política de colectivos agrícolas introducida por el régimen comunista. Mengistu y sus secuaces intentaron crear granjas comunales para impulsar la producción agrícola en Etiopía. Pero la sequía, unida a una grave mala gestión, acabaron por provocar una desastrosa hambruna que desembocó en una inanición masiva. Es casi difícil de creer, pero según el erudito etíope Harold Marcus, en 1984, unos diez mil etíopes morían semanalmente en la provincia de Wollo, gravemente afectada.

Al principio, la estrategia del gobierno de Mengistu para afrontar la crisis fue fingir que no existía. Por muy mal que estuvieran las cosas en las provincias más remotas, la crisis empezó a sacudir Addis Abeba en el verano de 1984, cuando la falta de producción de las regiones rurales se tradujo en la falta de alimentos en los estantes de las tiendas de comestibles de la capital. Y los pocos alimentos que quedaban empezaron a ver sus precios disparados a medida que la inflación se afianzaba. Pronto, el simple hecho de comprar una barra de pan estaba fuera del alcance del etíope medio.

Sin embargo, el régimen de Mengistu, en lugar de abordar la crisis, dedicó más tiempo a planificar la celebración del décimo aniversario de la llegada al poder del Derg. Una vez concluidas las celebraciones, Mengistu, que ya dirigía el régimen de todos modos, fue elegido oficialmente secretario general, comandante en jefe de las fuerzas armadas y presidente del consejo de ministros. Eran solo un montón de títulos sin sentido para un hombre que ya era el dictador de facto de Etiopía de todos modos.

Tras el «ascenso" de Mengistu, empezó a dar a conocer al resto del mundo el problema de la hambruna. Se permitió a la BBC acceder a las zonas afectadas, y pronto el mundo entero fue consciente de la terrible hambruna en Etiopía, con civiles etíopes muriendo de hambre a diario. La ayuda internacional fluyó repentinamente, suministrando excedentes de grano para alimentar a los hambrientos etíopes.

Estos esfuerzos ayudaron a Etiopía a pasar lo peor de la crisis. Pero, como demostraría la debacle de Live Aid, las organizaciones de ayuda internacional hicieron bien en descargar sacos de grano en lugar de sacos de dinero. El grano podía enviarse a las aldeas hambrientas, pero las bolsas de dinero en efectivo destinadas a comprar alimentos desaparecerían en las codiciosas manos del régimen. Además de embolsarse el dinero en efectivo, Mengistu también utilizó la vieja y cínica táctica de impedir que la ayuda alimentaria llegara a ciertos bastiones rebeldes, con la esperanza de someter a sus oponentes.

Sin embargo, Etiopía consiguió sobrevivir a la hambruna y, en 1985, lo peor ya había pasado. La guerra con el TPLF y el EPLF continuaría. A finales de 1987, el EPLF logró un avance sorprendente cuando sus tropas consiguieron adentrarse en lo que hasta entonces había sido un territorio incontestado. La moral de las tropas de Mengistu se derrumbó y, en la primavera de 1988, la deserción era un problema importante.

En ese momento, muchos de los generales de Mengistu pensaron que la guerra con Eritrea estaba perdida y que había que llegar a algún tipo de compromiso. Al parecer, uno de los generales de Mengistu expresó estas preocupaciones en voz demasiado alta para el gusto de Mengistu, ya que el dictador lo hizo ejecutar. A pesar de las graves preocupaciones expresadas por sus comandantes, Mengistu hizo avanzar a su maltrecho y cansado ejército.

En la siguiente ronda de combates importantes, en marzo de 1988, las tropas etíopes recibieron un golpe devastador cuando una división entera fue aniquilada casi por completo por el EPLF. Pero mucho más devastador para el régimen, incluso más que la pérdida de vidas, fue la pérdida de equipo militar. Se dice que después de esta derrota, el EPLF pudo apoderarse de unos cincuenta tanques y un gran alijo de artillería, RPG y todo tipo de armas de fuego que habían dejado atrás las tropas gubernamentales que huían.

Esto envalentonó mucho al EPLF, que pronto coordinó un ataque masivo contra el gobierno etíope con sus socios del TPLF. Se produjo una gran ofensiva en el norte de Etiopía y, en abril, el EPLF había tomado prácticamente todo el norte de Eritrea. Las fuerzas del gobierno intentaron recuperarse y cruzar a Eritrea desde Tigray, solo para que el TPLF se escabullera detrás de ellas y las convirtiera en blanco de tiro.

Las tropas gubernamentales fueron derrotadas y el TPLF tomó la iniciativa y se apoderó de varias ciudades históricas del norte de Etiopía, como Aksum y Adua.

A medida que el TPLF iba ganando terreno, las tropas gubernamentales se vieron obligadas a retroceder y retirarse de Tigray. Pronto, los soldados heridos y los refugiados empezaron a llegar a la capital, y el régimen tuvo que admitir que estaba atrapado en un sangriento empate con los combatientes rebeldes. La opinión pública etíope estaba indignada por los fracasos del gobierno, y entre los altos mandos del ejército se hablaba de expulsar a Mengistu del poder.

Sin embargo, Mengistu se enteró de su conspiración y despidió a todos los que se habían manifestado en su contra. El despido de los principales generales no hizo más que agravar los problemas del ejército, ya que fueron sustituidos por comandantes sin experiencia, lo que provocó incompetencia en el campo de batalla cuando se necesitaba más que nunca una estrategia eficaz y clara.

El año 1989 fue fatídico, ya que vio el colapso del comunismo en Europa del Este. El antiguo patrocinador comunista de Etiopía, la Unión Soviética, estaba bastante preocupado ya que se vio obligado a lidiar con la caída del Muro de Berlín y la desintegración de gran parte de la URSS. Mengistu sabía que los rusos ya no le servirían y trató de cambiar de alguna manera con los tiempos. Deseaba convertir su régimen marxista en un sistema híbrido de economía mixta que acabara con el régimen de partido único y adoptara la democracia.

El 5 de marzo de 1990, Mengistu, que se aferraba desesperadamente al poder por cualquier medio, llegó a proclamar que habría un «fin del socialismo». Este truco no funcionaría, y Mengistu pronto se dio cuenta de que su tiempo se había acabado. El TPLF, el EPLF y otros grupos rebeldes se unieron para formar el Frente Democrático Revolucionario del Pueblo Etíope o EPRDF. Enviaron un ejército masivo para marchar sobre la capital de Addis Abeba en mayo de 1991. Mengistu, a pesar de todas sus evasivas, comprendió por fin que se había acabado.

Tanques abandonados tras la toma de la capital, 1991
https://commons.wikimedia.org/wiki/File:T-62_et_T-55_d%C3%A9truits_durant_la_guerre_civile_%C3%A9thiopienne_en_1991.jpg

Mengistu acabó huyendo de Etiopía y se refugió en Zimbabue. El EPRDF tomó el control del país e instaló un gobierno provisional. Bajo el gobierno provisional, Eritrea obtuvo finalmente la independencia en 1993. El hombre que llegaría a la cima de la política etíope fue el líder del TPLF, Meles Zenawi, quien fue nombrado presidente del gobierno provisional.

Meles fue nombrado presidente de un supuesto «gobierno de transición», pero acabó manteniéndose como líder vitalicio hasta que falleció en 2012. Fue elegido en condiciones cuestionables como primer ministro de Etiopía en 1995 y sería elegido en repetidas ocasiones en condiciones que sus críticos denunciaron como «amañadas».

Las denuncias más documentadas de fraude electoral tuvieron lugar en las elecciones de 2005, cuando miles de personas salieron a la calle para protestar contra lo que consideraban un fraude electoral. Los líderes de los partidos de la oposición afirmaron que los secuaces de Meles Zenawi habían manipulado enérgicamente los colegios electorales de toda Etiopía.

Según los resultados oficiales, Meles Zenawi había ganado de forma aplastante, pero a tenor del enorme número de manifestantes en la calle, esto era probablemente más fantasía que realidad. Sin embargo, Meles Zenawi solo tuvo una respuesta para quienes se atrevían a afirmar que había algo en marcha en las elecciones. Su respuesta fue una represión inmediata y brutal, prohibiendo oficialmente todas las manifestaciones y deteniendo —y en algunos casos incluso matando— a todo aquel que se atreviera a protestar.

Antes de que todo estuviera dicho y hecho, los manifestantes fueron encerrados en masa, y un sorprendente número de 193 de ellos fueron asesinados por la policía etíope. En 2010 volvió a haber denuncias de fraude electoral, pero esta vez las manifestaciones fueron mucho menos vigorosas, lo que parece indicar que las brutales medidas anteriores de Meles Zenawi habían sido eficaces. A partir de aquí, parecía que el control del poder por parte de Meles Zenawi estaba asegurado, y que seguiría en el cargo hasta su abrupta desaparición en 2012.

Meles Zenawi tenía ciertamente sus críticos, y después de su muerte, muchos etíopes de a pie dirían que era un dictador de a pie que se escondía bajo la apariencia de un proceso democrático fraudulento. Sin embargo, fue bajo el mandato de Meles que se forjó la actual encarnación del gobierno etíope, la República Federal Democrática de Etiopía.

Conclusión: Etiopía hoy

Tras la muerte del veterano primer ministro etíope Meles Zenawi en 2012, se nombró un nuevo primer ministro con el nombre de Hailemariam Desalegn. Desalegn y su partido obtuvieron buenos resultados en las elecciones de 2015, pero la oposición política cuestionó los procedimientos electorales y se produjeron disturbios masivos. Esto culminó en grandes protestas que sacudieron gran parte de Etiopía en el verano de 2016.

Las cosas estaban tan mal que el gobierno etíope declaró el estado de emergencia, que duraría hasta agosto de 2017. La situación no mejoró mucho cuando se levantaron las medidas de emergencia, y el primer ministro Hailemariam Desalegn, cansado y agotado, terminó por renunciar, presentando su dimisión en febrero de 2018. Esto fue una novedad en Etiopía, ya que ningún líder etíope anterior (a menos que se cuente a Mengistu huyendo del país) había abandonado voluntaria e intencionadamente el cargo más alto del país por voluntad propia.

Después de que Desalegn se lavara las manos de la política etíope, se desató de nuevo el caos. Se declaró otro estado de ley marcial, que se mantendría hasta que el nuevo primer ministro —Abiy Ahmed— fuera elegido y tomara posesión de su cargo. El mandato de Abiy Ahmed ha sido, como mínimo, controvertido. Desde el principio fue aclamado como un gran comunicador y pacificador. De hecho, fue galardonado con el Premio Nobel de la Paz en 2019.

Pero desde entonces, muchos han puesto en duda sus acciones. Hay que reconocer que el primer ministro Abiy Ahmed tuvo una mano muy débil al llegar al cargo y heredó muchas circunstancias problemáticas. Los conflictos regionales en Etiopía iban en aumento, y había un malestar masivo en las regiones tradicionalmente étnicas de Oromo en el sur y en las regiones étnicas de Tigrayan en el norte. Esta última acabaría provocando a Abiy Ahmed la crisis más importante de su administración, ya que desembocó en una guerra civil total con la provincia de Tigray.

El problema comenzó durante la pandemia de 2020, cuando Abiy Ahmed retrasó las elecciones nacionales. Una medida así sería vista con recelo en muchos países. Incluso en Estados Unidos, cuando se planteó brevemente la idea de retrasar las elecciones, recibió un rechazo masivo e inmediato y se convirtió rápidamente en un imposible.

Sin embargo, el primer ministro etíope, Abiy Ahmed, adujo la preocupación por la pandemia y se adelantó a pedir el retraso de la votación nacional. Desafiando abiertamente la orden de Abiy, los líderes de Tigray siguieron adelante y votaron de todos modos, celebrando las elecciones regionales el 9 de septiembre de 2020.

La situación se mantuvo a fuego lento hasta el 4 de noviembre, cuando las fuerzas del TPLF lanzaron una gran ofensiva contra las tropas etíopes estacionadas en Tigray. Este acontecimiento desencadenó la guerra civil etíope, que, en 2022, todavía hace estragos. Los combates han ido de un lado a otro desde su estallido, y ambos bandos han reivindicado crímenes de guerra contra el otro. Hasta que este sangriento conflicto llegue a su fin, el futuro de Etiopía continúa siendo una incógnita.

Vea más libros escritos por Captivating History

Haga click aquí para echar un vistazo a ese libro

Apéndice A: Lecturas adicionales y referencias

Ethiopia: Land of the Conquering Lion of Judah. Edmonds, I. G. 1975.
Ethiopia: The Unknown Land. Munro-Hay, S. C. 2002.
The Abyssinians. Buxton, David. 1970.
A History of Modern Ethiopia: 1855-1991. Zewde, Bahru. 2001.
A History of Ethiopia. Marcus, Harold, G. 1994.

www.ingramcontent.com/pod-product-compliance
Lightning Source LLC
LaVergne TN
LVHW011847060526
838200LV00054B/4201